ピンイン表

	-in	-iang	-ing	-iong	介音 u									介音 ü			
					-u	-ua	-uo	-uai	-uei	-uan	-uen	-uang	-ueng	-ü	-üe	-üan	-ün
van	yin	yang	ying	yong	wu	wa	wo	wai	wei	wan	wen	wang	weng	yu	yue	yuan	yun
ian	bin		bing		bu												
ian	pin		ping		pu												
nian	min		ming		mu												
					fu												
tian			ding		du		duo		dui	duan	dun						
ian			ting		tu		tuo		tui	tuan	tun						
ian	nin	niang	ning		nu		nuo			nuan				nü	nüe		
ian	lin	liang	ling		lu		luo			luan	lun			lü	lüe		
					gu	gua	guo	guai	gui	guan	gun	guang					
					ku	kua	kuo	kuai	kui	kuan	kun	kuang					
					hu	hua	huo	huai	hui	huan	hun	huang					
ian	jin	jiang	jing	jiong										ju	jue	juan	jun
ian	qin	qiang	qing	qiong										qu	que	quan	qun
ian	xin	xiang	xing	xiong										xu	xue	xuan	xun
					zhu	zhua	zhuo	zhuai	zhui	zhuan	zhun	zhuang					
					chu	chua	chuo	chuai	chui	chuan	chun	chuang					
					shu	shua	shuo	shuai	shui	shuan	shun	shuang					
					ru	rua	ruo		rui	ruan	run						
					zu		zuo		zui	zuan	zun						
					cu		cuo		cui	cuan	cun						
					su		suo		sui	suan	sun						

BERET PUBLISHING
SELF STUDY SERIES

CHINESE

ひとりで学べる中国語
基礎文法をひととおり

青木隆浩・林屋啓子
著

ベレ出版

はじめに

　中国語は数ある外国語の中でも、学ぶ楽しさでは群を抜いていると言えるかもしれません。まず、日本人には「漢字文化圏」の大きなアドバンテージがあります。極端な話、まったく中国語が分からなくても、並んでいる漢字を見れば何の話題なのか想像がつくこともありますし、少しの簡体字と単語、大まかな語順の知識があれば、意味の分かる部分が飛躍的に増えてきます。つまり、中国語は最初のステップアップが段違いに大きいのです。

　本書はそんな中国語について、「ひとりで学べる」というコンセプトのもと、独学による無理のない習得をアシストできるよう、数々の工夫を凝らした構成となっています。

　発音については、【発音編】で写真や図、的確な解説、正確な音声を用意し、一音一音を丁寧に把握できるようになっています。さらに、【文法編】の各フレーズには、本書の大きな特徴の一つである「発音ガイド」がついていて、アクセントやポーズが目に見える形で示されているため、中国語の自然なリズムを意識した発音練習が可能です。

　【基礎知識編】では「数字」「時間」「人称代詞」などが項目ごとにまとめられているので、知識の体系的な定着が図れるとともに、必要な時はいつでもそのページに戻って確認することができます。

　【文法編】は各項目について、初めに基本となる最も単純な文型を紹介し、少しずつ変化させたり要素を加えたりしていくことで、まさに一歩一歩着実に理解を深めるための設計になっています。また、基礎的な単語や頻出単語を中心に、各 Step で無理なく語彙が増やせるようコントロールされています。

　【資料編】には、「職業、身分」「家電、家具、屋内設備」「IT 関連用語」といった単語や主な品詞、挨拶などのリストがあり、置き換え練習や作文などの補助として利用できます。このように、独学での学習を支える機能が、この一冊に詰め込まれています。

　本書の制作にあたっては、音声収録のほか、中国語の校正等で多大なご助力をいただいた張曄先生、様々な要望を実現してくださったベレ出版の綿引ゆか様をはじめ、多くの方にご尽力いただきました。この場をお借りして、心より感謝申し上げます。

　本書が「ひとりで学んでみよう」という意欲ある方の「良き伴走者」となれば、この上ない喜びです。

青木　隆浩

林屋　啓子

発音編

基礎知識編

文法編

資料編

本書の特徴と使い方

【発音編】

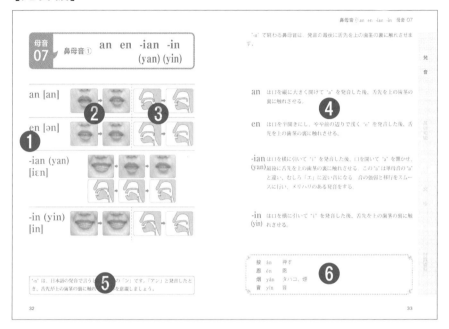

❶ 各音の発音表記。ピンイン、国際発音記号（[ ] 内、諸説ある場合もある）、必要な場合は単独で綴る際の表記（( ) 内）を記載。

❷ 発音時の口の形の写真。口の開き方や動かし方などが確認できる。

❸ 発音時の口腔内の断面図。舌の位置や空間の変化などが確認できる。音を作る部分が赤で表示されているので、意識して発音できる。

❹ 各発音のポイントや注意点、コツなどが詳細に解説されているので、②の写真や③の図と合わせて多角的に理解できる。

❺ 発音や表記に関するルール、注意点などを必要に応じて記載。

❻ 学習した音を含む単語を紹介することで、具体的なイメージができる。

【基礎知識編】

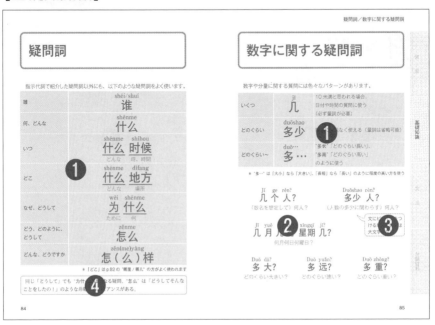

❶ 各項目での基本的な単語、ピンイン、意味、ルール、使い方などがまとめられているので、中国語学習の基礎が確立できる。

❷ ❶で学習した内容の具体例や応用例などを紹介している。

❸ 応用例について、注意事項や知識などを補う。

❹ 各項目についてのルールや知識などを補足することで、より理解を深めることができる。

【文法編】

❶ 各 Step の基本文型や代表的な文型が確認できる。

❷ 各 Step で学習する内容について、大まかな説明や特徴などが把握できる。

❸ 文法項目の中で、最も基本となる文例を記載。Step01 ～ 06 までは各単語の下にそれぞれの意味を補っている。ポイントとなる部分は赤字で表記。

❹ 左ページで紹介した最も基本的な例文についての文法の解説。重要ポイントは赤字で表記。

❺ 各 Step の新出単語を記載（品詞は基本的にその Step での使い方）。

❻ 各 Step の文法内容や関連事項、まとめなどを記載。

12

【発音ガイド】

　各フレーズの中国語の背景には、実際の声調を記号化し、さらにアクセントをつけて強く読む場所やポーズを置く場所などを図示した発音ガイドを入れています。アクセントやポーズの位置は、文脈や感情、話し手によって変化しますが、ここではリズムや意味を考慮し、より伝わりやすく発音できるよう、その一例を示しています。ガイドに沿って発音練習を行い、中国語らしいリズムを身に着けましょう。

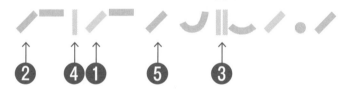

Míngtiān shíjiān hěn jǐn,　wǒ huíbulái.
明天　时间 很 紧，我 回不来。

❶ ピンクのマークはアクセントをつけて強調し、丁寧に発音する。

❷ グレーのマークはあまり強調せず、流れるように発音する。

❸ 二重線ではしっかりとポーズを置く。

❹ 一重線では軽くポーズを置く。慣れてきたらポーズを置かなくても良い。

❺ マークは声調記号どおりでなく、変調後や実際の発音に合わせている。

> 実際の発音では、例えば軽声でも元の声調を残して発音される場合などがあります。
> 教材の音声やネイティブの発音などを参考に、より自然な発音を目指してください。

【文法編】

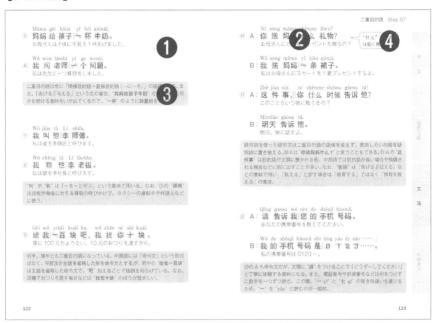

❶ 文例は徐々にステップアップするように構成されている。段階的に要素が追加されたり、より使用頻度やレベルの高いフレーズへと学習を進めていくことができる。

❷ 必要に応じて会話文も取り入れているので、実際の会話での使用法などが学べる。

❸ 文例のステップアップに合わせて、解説もよりレベルの高い内容へと無理なく進むことができる。

❹ 発音や表記、単語の説明など、ワンポイントの注意点や説明などを加えている。

14

【資料編】

　「挨拶」や「頻出フレーズ」、「主な簡体字」などのほか、「主な動詞」「主な名詞」などの品詞、さらに「人名、地名」「学校、会社」「スポーツ、趣味」「IT関連用語」など、項目ごとのリストが掲載されています。これらのリストを使うことで語彙力がつくだけでなく、フレーズの置き換え練習や作文などにも役立てることができます。

付録資料

08 主な副詞

中国語	ピンイン	日本語	中国語	ピンイン	日本語
最	zuì	最も	才	cái	ようやく、ほんの、~こそ
非常	fēicháng	非常に	终于	zhōngyú	ついに、とうとう
很	hěn	とても	已经	yǐjīng	すでに、もう
稍微	shāowēi	少し、わずか	还	hái	まだ、~でさえ
都	dōu	すべて、みんな、~すら	从来	cónglái	これまで、~すら
完全	wánquán	完全に、すべて	一直	yìzhí	ずっと
一起	yìqǐ	一緒に	互相	hùxiāng	互いに
另外	lìngwài	別に、ほかに	渐渐	jiànjiàn	徐々に、だんだん、しだいに
至少	zhìshǎo	少なくとも	正好	zhènghǎo	まさに、ちょうど
只	zhǐ	わずか、ただ、~だけ	必须	bìxū	必ず~しなければならない
常常	chángcháng	いつも、よく	真	zhēn	本当に、実に
总是	zǒngshi	いつも、しょっちゅう	当然	dāngrán	もちろん、当然
又	yòu	また、再び、それから	绝对	juéduì	絶対に、きっと
再	zài	また、再び、それから	一定	yídìng	必ず、きっと
也	yě	~も	特别	tèbié	特に、わざわざ
偶尔	ǒu'ěr	たまに、ときどき	确实	quèshí	確かに、間違いなく
快	kuài	早く、急いで、まもなく、もうすぐ	大概	dàgài	たぶん、おそらく
先	xiān	先に、まず	反正	fǎnzhèng	どうせ、いずれにしても
马上	mǎshàng	すぐに、さっそく	难道	nándào	まさか~なわけではないだろう
刚刚	gānggāng	~したばかり、ちょうど今	有点儿	yǒudiǎnr	少し（基準値に達するほどではないことに）

09 補語を用いた慣用表現

中国語	ピンイン	日本語	中国語	ピンイン	日本語
比不了	bǐbuliǎo	比べられない、及ばない	看起来	kànqǐlái	見たところ~のようだ
差不多	chàbuduō	大差ない、だいたい、ほぼ	看得懂	kàndedǒng	見て（読んで）理解できる
差得远	chà de yuǎn	大差ない、だいたい、差がかなり大きい	看得起	kàndeqǐ	尊敬する、重視する、一目置く
吃不惯	chībuguàn	食べ慣れない、食べつけない	靠不住	kàobuzhù	信頼できない、当てにならない
吃不了	chībuliǎo	食べ切れない	来不及	láibují	間に合わない
传不来	chuánbulái	伝えられてくる	来得及	láideji	間に合う
错不了	cuòbuliǎo	間違いようがない、思いはずがない	离不开	líbukāi	切り離せない、離れられない
顶不住	dǐngbuzhù	支えきれない、持ちこたえられない	了不起	liǎobuqǐ	大したものだ、すごい
对不起	duìbuqǐ	申し訳ない、すまない	买得到	mǎidedào	買える、買って手に入れられる
翻过来	fānguòlái	裏返す	免不了	miǎnbuliǎo	免れない、避けられない
放不下	fàngbuxià	放っておけない、安心できない	少不了	shǎobuliǎo	欠くことはできない
顾不得	gùbude	面倒を見られない、かまっていられない	舍不得	shěbude	離れがたい、惜しくて~したくない
怪不得	guàibude	道理で、なるほど	受不了	shòubuliǎo	たまらない、耐えられない
惯不得	hènbude	~できないのがもどかしい	说不定	shuōbudìng	もしかしたら~かもしれない
回不来	huíbulái	帰って来れない	说不出	shuōbuchū	断言できない、うまく話せない
记下来	jìxiàlái	記録しておく	算不了	suànbuliǎo	~というほどではない
记不住	jìbuzhù	記憶できない、覚えられない	想不开	xiǎngbukāi	あきらめきれない、くよくよ悩む
禁不住	jīnbuzhù	持ちこたえられない、耐えられない	想出来	xiǎngchūlái	思いつく、考えつく
看不起	kànbuqǐ	軽んじる、侮る	坐不下	zuòbuxià	座り切れない

268　　　　269

【品詞の凡例】

名	名詞	動	動詞	形	形容詞	副	副詞
数	数詞	量	量詞	代	代詞	助動	助動詞
助	助詞	介	介詞	接	接続詞		

中国語について

　中国はご存じのとおり広大な国で、「朝鮮族」「モンゴル族」「チベット族」「ウイグル族」「オロス（ロシア）族」などを含め、56 の民族が生活していると言われています。そのため、使われる言語も様々で、さらに方言が違うと通じない場合も多々あります。そこで、人口の 90％以上を占める漢族が使う言葉――「漢語」が公用語に定められています。一般的に「中国語」「北京語」「マンダリン」という場合は漢語の標準語（"普通话 pǔtōnghuà"）を指し、本書でもその "普通话" を中国語として学んでいきます。中国語は中国大陸や香港、台湾のほか、シンガポールでも公用語の一つに指定され、さらに世界各国で暮らす華僑や華人の間でも使われています。そのため、各方言も含めると、母語話者が世界で最も多い言語です。

ピンインについて

　中国語の発音はローマ字を利用した「ピンイン（"拼音 pīnyīn"）」で表します。"拼" は「寄せ集める」や「つなぎ合わせる」の意味で、子音（"声母 shēngmǔ"）と母音（"韵母 yùnmǔ"）を組み合わせ、さらに音声の高低を表す「声調記号」をつけて表記します。以下にピンインの例を紹介します。

ā　fú　lüè　qiǎn　shuài　zhuāng

＊赤字は母音部分

　ピンインで表記されるのは、あくまでも中国語の発音です。ローマ字読みしてしまわないよう注意してくださいね。

簡体字について

　中国では長年、日本の旧字体に当たる「繁体字」が使われてきましたが、1950 年代になって簡略化した「簡体字」が正式に採用され、学校教育や公式文書も簡体字に統一されました。一方で、香港やマカオ、台湾、その他、華僑や華人のコミュニティなど、繁体字を使っている地域もあります。

　簡体字には、行書や草書の特徴を取り入れたもの、同じ読み方をする別の字に置き換えたもの、一部分の特徴だけを残したもの、大まかな輪郭を捉えたものなどがあります。

　以下に、繁体字、簡体字、日本字の比較例を少し挙げておきます。また資料編の p.260 にも主な簡体字の表がありますので、合わせて参考にしてください。

繁体字	漢	學	豐	體	業	葉	護	區	買	賣	應
簡体字	汉	学	丰	体	业	叶	护	区	买	卖	应
日本字	漢	学	豊	体	業	葉	護	区	買	売	応

繁体字	兒	氣	飛	陽	關	發	達	進	車	長	個
簡体字	儿	气	飞	阳	关	发	达	进	车	长	个
日本字	児	気	飛	陽	関	発	達	進	車	長	個

ダウンロード音声について

【パソコンから音声をダウンロードする場合】

① パソコンで「ベレ出版」ホームページ内、『ひとりで学べる中国語 基礎文法をひととおり』の詳細ページへ。「音声ダウンロード」ボタンをクリック。
（URL は https://www.beret.co.jp/book/47209）

② 8ケタのコードを入力してダウンロード。

ダウンロードコード　 WwgJGkED

《注意》スマートフォン、タブレットからのダウンロード方法については、小社では対応しておりません。

＊ ダウンロードされた音声は MP3 形式となります。zip ファイルで圧縮された状態となっておりますので、解凍してからお使いください。

＊ zip ファイルの解凍方法、iPod 等の MP3 携帯プレイヤーへのファイル転送方法、パソコン、ソフトなどの操作方法については、メーカー等にお問い合わせくださるか、取扱説明書をご参照ください。小社での対応はできかねますこと、ご理解ください。

スマホで音声をダウンロードする場合

abceed
AI英語教材エービーシード

ご利用の場合は、下記のQRコードまたはURLより
スマホにアプリをダウンロードしてください。

 https://www.abceed.com
abceedは株式会社Globeeの商品です。

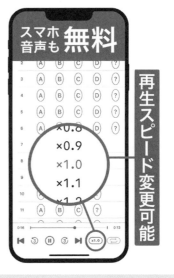

スマホ音声も無料

再生スピード変更可能

×0.9
×1.0
×1.1

［ダウンロード音声の内容を CD に入れて販売しております］ベレ出版ホームページの［お問い合わせ］にありますメールフォームよりご依頼ください。《書店でのお取り扱いはございません》

＊ 以上のサービスは予告なく終了する場合がございます。
☞ 音声の権利・利用については、小社ホームページ内［よくある質問］にてご確認ください。

発音編

母音 01 ｜ 単母音① **a o e**

---

a [a]

 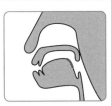

---

o [o]

 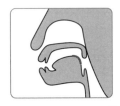

---

e [ɤ]

 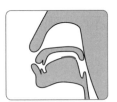

＊ 母音の場合、イラストの赤い部分は舌の盛り上がる部分です。

＊ [ ] 内は国際音声記号（IPA）です。IPA によるピンイン表記は、諸説ある場合があります。

中国語は日本語やローマ字読みの発音とは異なります。写真やイラストを確認し、音声をよく聞いて真似しましょう。

　この３つの単母音は、いずれも喉を開いて口の中の空間を広く保つようにしましょう。また、発音練習の際は姿勢を正して行いましょう。そのほうが声も通りやすく、正しいフォームの確認が可能になります。

a　「ア」よりも口を縦に大きく開け、喉を開いて声を出す（喉を開くことで舌の根元が下がり、声が通りやすくなる）。

o　「オ」よりも口をやや丸めて声を出す。この時、唇をすぼめすぎないように注意する（"u" と区別が付きにくくなるため）。

e　口を半開きにしてリラックスし、喉を開く。気道・声道は確保した状態にし、声を絞り出すイメージで発声する。「エ」とは全く異なる音なので注意。

> 啊　ā　あ、ああ（軽い驚きや感嘆を表す）
> 哦　ò　ああ、なるほど（合点や納得などを表す）
> 饿　è　空腹である

母音 02 単母音② -i -u -ü (yi) (wu) (yu)

-i (yi) [i]

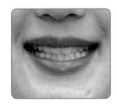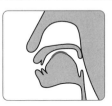

-u (wu) [u]

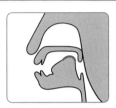

-ü (yu) [y]

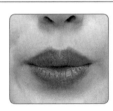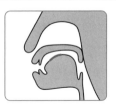

"i" "u" "ü" の前に子音が付かない場合、それぞれ "yi" "wu" "yu" と綴ります。
"i" "u" "ü" は単独で使えないため、本書では "-i" "-u" "-ü" と前に「-」をつけ
て表記しています。

この３つの単母音は、いずれも口をはっきりと動かしましょう。"-i" "-u" "-ü" は口の開きが狭い音ですが、一点に音を集中するイメージで発音しましょう。

-i
(yi)　「イ」よりも口を横に引いて、口の前の方で声をはっきりと出す。このとき、唇を丸めないように気を付ける。

-u
(wu)　「ウ」よりも唇を突き出し、舌は奥に引いて深みのある音を出す。唇を緩めないように気を付ける。

-ü
(yu)　唇をすぼめ、口の前の方で声を出す。舌を奥の方に引っ込めると、こもった音になるので注意する。

一	yī	1
五	wǔ	5
雨	yǔ	雨

母音 03 ｜ 単母音③ er

er [ɚ]

 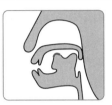

er　口を半開きにし、舌は下ろす。次に、声を出しながら、舌を英語の "r" のように巻き上げる。口をしっかり開け、気道を確保する。"er" の母音は単母音の "e" とは全く異なる音なので注意する。

二　èr　2

音節の最後に "er" を付ける「r化」は、綴りの上では "r" だけを書きます（p.52参照）。

母音をしっかり響かせましょう

　ここまで、中国語の単母音を見てきました。ネイティブの音声を聞くと、日本語と比べてはっきりと高らかに響いていることに気づきましたか。中国語を発音する際には、喉を開いて、普段日本語で話す声のトーンよりもう少し高めに声を出すと、きれいに響かせることができます。

　ところで、「喉を開く」というのはどういうことでしょうか。一度、姿勢を正し、口を楽に開いて深呼吸してみましょう。そして、息を吐くときに「アー」と高く平らに伸ばして発音してみてください。無理なく、しかも気持ち良く音を響かせられたのではないでしょうか。それが中国語の"a"に近い音です。子供のころ、音楽の授業で「口をしっかりと開けて歌うように」と言われたことはありませんか？それは口を大きく開くことだけが目的なのではなく、「喉を開いて、気道を広げる」ためなのです。口の中の空間が広ければ、気道も広がり、声が通りやすくなります。「喉を開いて」と言われても確認することが難しいので、「口を大きく開いて」と説明されるのですね。

　次のページからは単母音を組み合わせた「複母音」を学んでいきますが、ここで少し先取りをして、そのポイントを見ていきましょう。"iao""iou""ie"のように母音が複数並んでいる場合、その中で最もはっきりと響かせる母音を「主母音」といいます。ではどの音をはっきり発音すればいいのでしょうか。まず、単母音を学んだ順番を思い出しましょう。

$$a\ o\ e\ i\ u\ ü$$

広い　　　　　　　　　　　　　狭い

　これは実は口の開きが広い音から順に並んでいて、主母音もaから優先順位が決まります。例えば、"iao"なら"a"、"iou"なら"o"、"ie"なら"e"がはっきり響かせる音となります。これらの音を「ヤオ」「ヨー」「イエ」と単調に発音してしまう人もいるのですが、正しくは「ィアォ」「ィオゥ」「ィエ」という感じで主母音を際立たせます。

　語学を学ぶ際、発音練習は「筋トレ」と言っても過言ではありません。口の周りの筋肉をしっかり使い、喉を開いて練習しましょう。姿勢を正して元気良く、そして楽しんで練習を続けていってください。

母音 04 — 複母音① ai ei ao ou

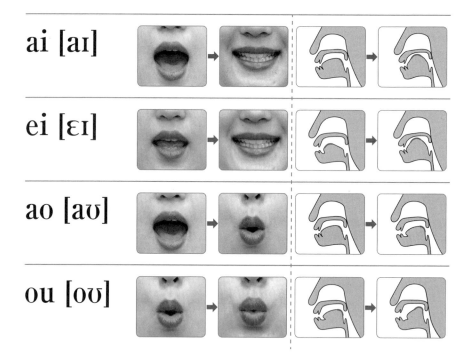

ai [aɪ]

ei [ɛɪ]

ao [aʊ]

ou [oʊ]

複母音は単母音が２つか３つ組み合わさっていますが、それを１音として滑らかに発音します。

　この４つの複母音は、いずれもはっきり発音する音（主母音）が前にあ
ります。前の音ははっきりとやや長めに響かせて、後ろの音は軽く添える
ように発音しましょう。

ai　"a" で口を縦に大きく開けてはっきりと響かせ、軽く "i" を添える。

ei　"e" は単母音の "e" とは違う「エ」に近い音なので注意。口を開
　　けて前の方で発音し、軽く "i" を添える。

ao　"a" で口を縦に大きく開けてはっきりと響かせ、軽く "o" を添える。

ou　"o" で口を丸める。その際、あまり前に突き出し過ぎず、口の中
　　に少し空間を保ちながらはっきり声を出す。それから徐々に口を
　　狭めて軽く "u" を添える。

爱	ài	愛する
偶	ǒu	木や泥で作った人形
欸	èi	うん、ええ

発　音

基礎知識

文　法

資　料

母音 05 　複母音② 　-ia -ie -ua -uo -üe (ya)(ye)(wa)(wo)(yue)

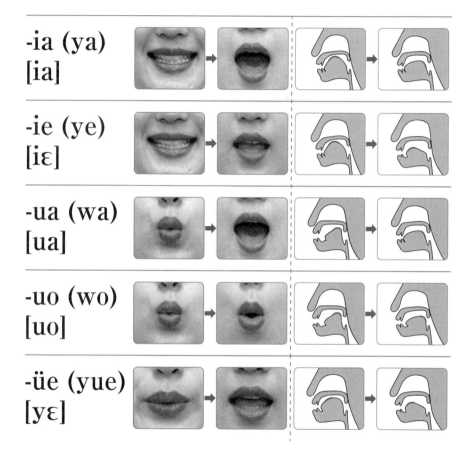

-ia (ya) [ia]				
-ie (ye) [iɛ]				
-ua (wa) [ua]				
-uo (wo) [uo]				
-üe (yue) [yɛ]				

（　）内は母音の前に子音が付かず、単独で複母音を表記する場合です。

　この5つの複母音は、いずれもはっきり発音する主母音が後ろにあります。前の母音を発音したら、滑らかに後ろの主母音に移行しましょう。その際、2つの音が分離して聞こえないよう気を付けましょう。

-ia
(ya)
口を横に引き、"i" を発音したらすぐに口を縦に開けて "a" を響かせる。

-ie
(ye)
口を横に引き、"i" を発音したら口を大きく開いて "e" を響かせる。ここでの "e" は単母音の "e" とは違う「エ」に近い音で、口の前の方ではっきり発音する。

-ua
(wa)
口を突き出し、"u" を発音したら口を縦に開けて "a" を響かせる。その際、単にあごを下ろすだけでなく、口の中の空間を広げるように心がけ、声をはっきり出す。

-uo
(wo)
口を突き出し、"u" を発音したら口をやや開いて "o" を響かせる。その際、単に唇を動かすだけでなく、口の中の空間を広げるように心がけ、声がこもらないように気を付ける。

-üe
(yue)
口をすぼめて ü を発音し、口を大きく開いて "e" を響かせる。ここでの "e" は単母音の "e" とは違う「エ」に近い音で、口の前の方ではっきり発音する。

牙	yá	歯	我	wǒ	私
叶	yè	葉	月	yuè	〜月
哇	wā	ワー（泣き声）			

母音 06 | 複母音③ | -iao -iou -uai -uei (yao)(you)(wai)(wei)

-iao (yao) [iaʊ]

-iou (you) [iɤʊ]

-uai (wai) [uaɪ]

-uei (wei) [uɛɪ]

> "-iou" と "-uei" は前に子音が付くと、主母音を抜いて "-iu" "-ui" と綴ります。この場合は主母音も若干弱めに発音します。

　この４つの複母音は、いずれもはっきり発音する主母音が真ん中にあります。前の音を発音したら滑らかに真ん中の主母音に移行しましょう。そして後ろの音を添えるように発音します。主母音は声を前に押し出すイメージで、はっきり発音しましょう。

-iao　口を横に引いて "i" を発音し、続いて口を縦に開けて "a" を
(yao)　響かせ、最後に軽く口をすぼめて "o" を発音する。

-iou　口を横に引いて "i" を発音し、続いて口をやや半開きにして声
(you)　を前に出し、"o" を発音する。最後に軽く口をすぼめて "u" を
　　　　発音する。

-uai　丸めた口を突き出して "u" を発音し、続いて口を縦に開けて "a"
(wai)　を響かせ、最後に軽く "i" を発音する。

-uei　丸めた口を突き出して "u" を発音し、続いて広く開けて「エ」
(wei)　に近い音を出し、最後に軽く "i" を発音する。

药	yào	薬
有	yǒu	ある
外	wài	外
为	wèi	～のために

母音 07 — 鼻母音① an en -ian -in (yan) (yin)

an [an]
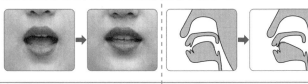

en [ən]

-ian (yan) [iɛn]
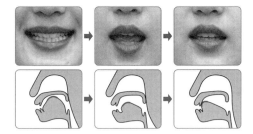

-in (yin) [in]
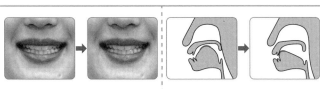

"-n" は、日本語の発音で言うと「案内」の「ン」です。「アン」と発音したとき、舌先が上の歯茎の裏に触れているのを意識しましょう。

"-n" で終わる鼻母音は、発音の最後に舌先を上の歯茎の裏に触れさせます。

an　口を縦に大きく開けて "a" を発音した後、舌先を上の歯茎の裏に触れさせる。

en　口を半開きにし、やや前の辺りで浅く "e" を発音した後、舌先を上の歯茎の裏に触れさせる。

-ian
(yan)　口を横に引いて "i" を発音した後、口を開いて "a" を響かせ、最後に舌先を上の歯茎の裏に触れさせる。この "a" は単母音の "a" と違い、むしろ「エ」に近い音になる。音の強弱と移行をスムーズに行い、メリハリのある発音をする。

-in
(yin)　口を横に引いて "i" を発音した後、舌先を上の歯茎の裏に触れさせる。

按	àn	押す
恩	ēn	恩
烟	yān	タバコ、煙
音	yīn	音

母音 08 鼻母音② -uan -uen -üan -ün (wan)(wen)(yuan)(yun)

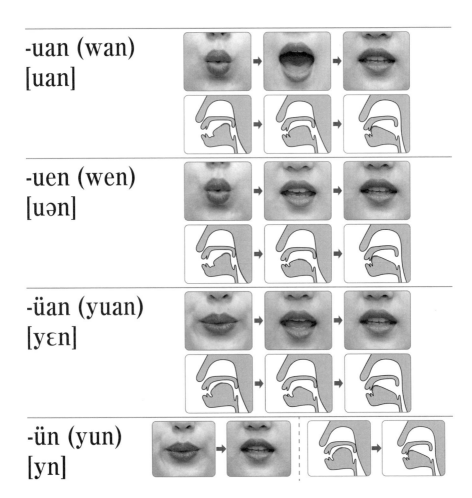

-uan (wan)
[uan]

-uen (wen)
[uən]

-üan (yuan)
[yɛn]

-ün (yun)
[yn]

"-n" で終わる文字は、一部の例外を除いて日本語の音読みでは「〜ン」と発音します。例：“安 ān” は「安 アン」、“银 yín” は「銀 ギン」。

"-n" で終わる鼻母音は、発音の最後に舌先を上の歯茎の裏に触れさせます。

-uan
(wan)　口を前に突き出して "u" を発音した後、口を開いて "a" を発音し、最後に舌先を上の歯茎の裏に触れさせる。

-uen
(wen)　口を前に突き出して "u" を発音した後、口をやや半開きにして "e" を発音し、最後に舌先を上の歯茎の裏に触れさせる。

-üan
(yuan)　口をすぼめて "ü" を発音した後、口を大きく開いて「エ」を発音し、最後に舌先を上の歯茎の裏に触れさせる。

-ün
(yun)　口をすぼめて "ü" を発音した後、舌先を上の歯茎の裏に触れさせる。

晚	wǎn	遅い	远	yuǎn	遠い
问	wèn	尋ねる	云	yún	雲

母音 09 鼻母音③ ang eng -iang -ing (yang) (ying)

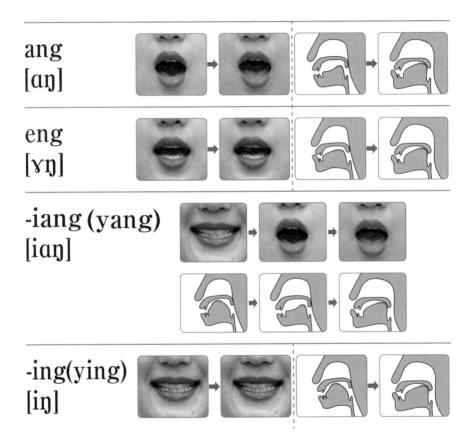

ang [ɑŋ]		
eng [ɤŋ]		
-iang (yang) [iɑŋ]		
-ing(ying) [iŋ]		

"-ng" は、日本語の発音で言うと「案外」の「ン」です。「アン」と発音したとき、舌の根元が喉の奥に引かれ、音が鼻に響いていることを意識しましょう。

　"-ng" で終わる鼻母音は、発音の最後に舌の根元を喉の奥に引き、鼻に音を響かせます。

ang　口を縦に大きく開けて "a" を発音した後、舌の根元を喉の奥に引いて、鼻に音を響かせる。

eng　口を半開きにして喉の奥で "e" を発音した後、舌の根元を喉の奥に引いて、鼻に音を響かせる。

-iang
(yang)　口を横に引いて "i" を発音した後、口を大きく開いて "a" を響かせ、最後に舌の根元を喉の奥に引いて、鼻に音を響かせる。"a" をしっかりと響かせつつ音の強弱と移行をスムーズに行い、メリハリのある発音をする。

-ing
(ying)　口を横に引いて "i" を発音した後、舌の根元を喉の奥に引き、鼻に音を響かせる。舌が前から後ろに移動する過程で、かすかに「ウ」のような音が聞こえる点に注目する。これは舌を移動する際、「ウ」の音が作られる場所を通過するためである。

唐	Táng	唐
羊	yáng	羊

英文	Yīngwén	英語
营养	yíngyǎng	栄養

37

| 母音 10 | 鼻母音④ | -uang -ueng ong -iong
(wang)(weng)   (yong) |

-uang (wang)
[uɑŋ]

-ueng (weng)
[uɤŋ]

ong
[oŋ]

-iong (yong)
[yʊŋ]

"-ng" で終わる文字は、一部の例外を除いて日本語の音読みでは「〜イ」か「〜ウ」と発音します。例："英 yīng" は「英 エイ」、"羊 yáng" は「羊 ヨウ」。

　"-ng" で終わる鼻母音は、発音の最後に舌の根元を喉の奥に引き、鼻に音を響かせます。

-uang
(wang)　口を前に突き出して"u"を発音した後、口を大きく開いて"a"を響かせ、最後に舌の根元を喉の奥に引いて鼻に音を共鳴させる。

-ueng
(weng)　口を前に突き出して "u" を発音した後、口をやや半開きにして "e" を発音し、最後に舌の根元を喉の奥に引いて鼻に音を共鳴させる。

ong　口を丸めて "o" を発音した後、舌の根元を喉の奥に引いて鼻に音を共鳴させる。

-iong
(yong)　口をすぼめて "ü" に近い音を発音した後、舌の根元を喉の奥に引いて鼻に音を共鳴させる。

王	Wáng	王（名字）
翁	wēng	老年の男性
龙	lóng	竜
用	yòng	用いる

子音 01 　唇音　b　p　m　f

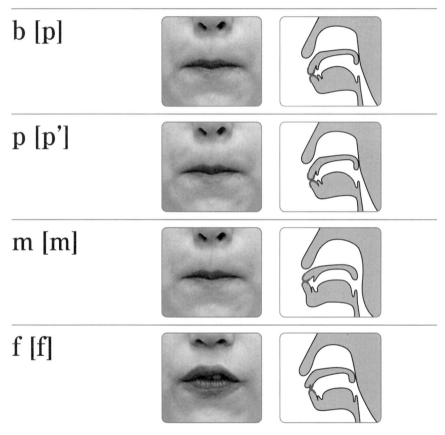

b [p]

p [p']

m [m]

f [f]

※ 子音の場合、イラストの赤い部分は調音点（音を作る場所）です。

> 唇音は "o" の母音を付けて練習します。なお、子音の中には息を抑えて発音する「無気音」、息で閉じた唇を開く「有気音」があります（p.62 参照）。有気音では発音の最初に息の音がします。唇音では "b" が無気音、"p" が有気音です。

唇音は唇を使って出す音です。

発音

b
(bo)
無気音。唇を少し巻き込むつもりで閉じ、そっと "o" を発音し唇を開く。無気音なので息を強く出さない。

p
(po)
有気音。唇を少し巻き込むつもりで閉じ、強く息を出しながら "o" を発音して唇を開く。

m
(mo)
唇を少し巻き込むつもりで閉じ、鼻から軽くハミングの音を出した後、"o" を発音して口を開く。

f
(fo)
上の歯を下の唇に当てた状態で息を出し、歯と唇を離しながら "o" を発音して口を開く。

波	bō	波
破	pò	破る、破れる
摸	mō	触る
佛	fó	仏

基礎知識

文法

資料

41

子音 02 — 舌尖音 d t n l

---

d [t]

---

t [t']

---

n [n]

---

l [l]

舌尖音は "e" の母音を付けて練習します。舌尖音では "d" が無気音、"t" が有気音です。

舌尖音は舌先を使って出す音です。

d
(de)　無気音。舌先を上の歯茎に触れさせ、閉じた空間に息で若干圧力をかける。次に、口を半開きにした状態で "e" を発音し、そっと舌を離す。無気音なので息を強く出さない。

t
(te)　有気音。舌先を上の歯茎に触れさせ、閉じた空間に息で若干圧力をかける。次に、口を半開きにした状態で "e" を発音し、息を強く出しながら舌を離す。

n
(ne)　舌先を上の歯茎に触れさせ、口を半開きにした状態で、少しハミングを入れるように鼻に音を響かせる。最後に "e" を発音して舌を離す。

l
(le)　舌先を上の歯茎に触れさせ、口を半開きにした状態で "e" を発音し、そっと舌を離す。

得　dé　得る
特　tè　特に
呢　ne　～は？
乐　lè　楽しみ

子音 03 — 舌根音 g k h

g [k]

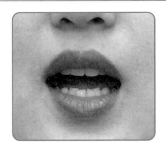 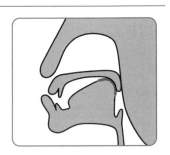

k [k']

 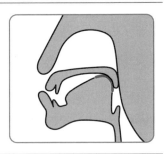

h [x]

 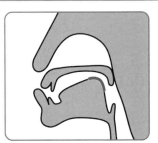

舌根音は "e" の母音を付けて練習します。舌根音では "g" が無気音、"k" が有気音です。

舌根音は舌の根元を使って出す音です。

g
(ge)　無気音。舌の根元を喉に付け、口は半開きにして息を止める。
そして、そっと "e" を発音しながら舌を離す。無気音なので
息を強く出さない。

k
(ke)　有気音。舌の根元を喉に付け、口は半開きにして息を止める。
そして、息を強く出しながら "e" を発音して舌を離す。

h
(he)　舌の根元を喉に近付け、口は半開きにして、喉の奥から息を強
く出しつつ "e" を発音する。腹式呼吸でしっかりと支えながら、
深い息を出す。

歌	gē	歌
课	kè	授業
喝	hē	飲む

子音 04 舌面音 j q x

---

j [tɕ]

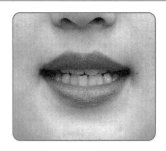 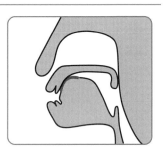

q [tɕ']

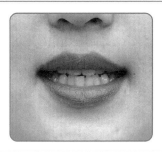 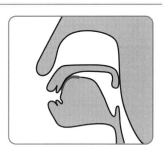

x [ɕ]

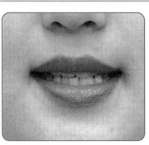 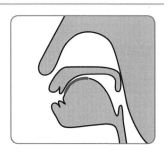

舌面音は "i" の母音を付けて練習します。舌面音では "j" が無気音、"q" が有気音です。

舌面音は舌の平面を使って出す音です。

j
(ji)
無気音。舌の先から中ほどまでを上顎に付け、口を横に引き、そっと"i"を発音して舌を離す。無気音なので息を強く出さない。

q
(qi)
有気音。舌の先から中ほどまでを上顎に付け、口を横に引き、息を強く出しながら"i"を発音して舌を離す。

x
(xi)
舌の先から中ほどまでを上顎に近付け、若干隙間を残す。そして口を横に引き、息を強く出しながら"i"を発音する。

鸡　jī　ニワトリ
七　qī　7
西　xī　西

子音 05 — そり舌音 zh ch sh r

---

zh [tʂ]

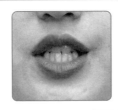 

---

ch [tʂ']

 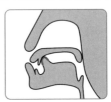

---

sh [ʂ]

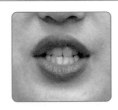 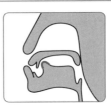

---

r [ʐ]

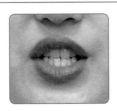 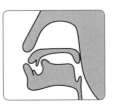

そり舌音は "i" の母音を付けて練習します。そり舌音では "zh" が無気音、"ch" が有気音です。

そり舌音は舌を反り上げて出す音です。なお、そり舌音に続く "i" は単母音の "i" と違い、口をやや丸めた状態で出す、こもった音です。

zh
(zhi)

無気音。舌先の裏を上の歯茎に付け、口は曖昧に開いた状態で、"i" をそっと発音して舌を離す。

ch
(chi)

有気音。舌先の裏を上の歯茎に付け、口は曖昧に開いた状態で、息を強く出しながら "i" を発音して舌を離す。

sh
(shi)

舌先の裏を上の歯茎に近付け、若干隙間を残す。口は曖昧に開いた状態で、舌先と歯茎の隙間から強く息を出し、"i" を発音する。

r
(ri)

舌先の裏を上の歯茎に近付け、若干隙間を残す。口は曖昧に開いた状態で、舌先と歯茎の隙間からはっきり声を出し、"i" を発音する。

知识	zhīshi	知識
吃	chī	食べる
是	shì	〜である
日	rì	〜日

子音 06 舌歯音 z c s

z [tʂ]

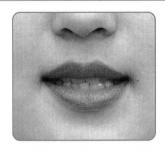 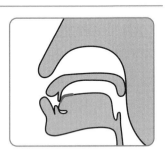

c [ts']

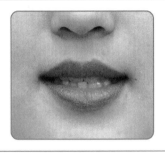 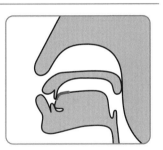

s [s]

 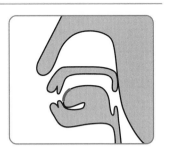

舌歯音は "i" の母音を付けて練習します。舌歯音では "z" が無気音、"c" が有気音です。

　舌歯音は舌先と歯を使って出す音です。なお、舌歯音に続く "i" は単母音の "i" と違い、口を横に引いた状態で「ウ」のような音を出します。

Z
(zi)　無気音。舌先を下の歯の裏に触れさせる。口を横に引くことで舌の上の面を歯茎に触れた状態にし、そっと「ウ」を発音して舌を離す。

C
(ci)　有気音。舌先を下の歯の裏に触れさせる。口を横に引くことで舌の上の面を歯茎に触れた状態にし、強く息を出しながら「ウ」を発音して舌を離す。

S
(si)　舌先を下の歯の裏に触れさせる。口を横に引くことで舌の上の面を歯茎に近付けた状態にし、強く息を出しながら「ウ」を発音する。

字　zì　字
词　cí　単語
四　sì　4

r 化

　単語の後に "儿" の字を付けて「r 化音」にすることで、小ささやかわいさを表現したり、品詞を変更したりすることができます。

▶ 直接 "r" を付けて発音するもの

huàr
① 画儿　絵

māor
② 猫儿　ネコ

▶ "i" を脱落させて発音するもの

nǚháir
③ 女孩儿　女の子

wèir
④ 味儿　味、におい

▶ "n" を脱落させて発音するもの

wánr
⑤ 玩儿　遊ぶ

yǒudiǎnr
⑥ 有点儿　少し

▶ "i" を "e" に変えて発音するもの

shìr
⑦ 事儿　事

cír
⑧ 词儿　語句

▶ "r" が鼻音化するもの

kòngr
⑨ 空儿　暇

diànyǐngr
⑩ 电影儿　映画

---

r 化は特に北の地域でよく使われます。品詞を変える例としては動詞の "画"（描く）を r 化する名詞 "画儿"（絵）があり、"画画儿" で「絵を描く」となります。

🔊 音声 018

前寄りの音、後寄りの音

母音は口の形を変えること、子音は唇や舌の位置を変えることで音を出します。母音、子音には口の前の方で音を作る「前寄りの音」と後ろの方で音を作る「後寄りの音」があります。

▶ 前寄りの音

母音		-i（yi）		-ü（yu）
子音	唇音	b	p	m	f
	舌尖音	d	t	n	l
	舌面音	j	q	x	
	そり舌音	zh	ch	sh	r
	舌歯音	z	c	s	

▶ 後寄りの音

母音		a	o	e	-u（wu）
子音	舌根音	g	k	h	

▶ 前寄りの音＋後寄りの音

yìwù
义务 義務

▶ 後寄りの音＋前寄りの音

Wǔyī
五一 メーデー

＊ 前寄りの音、後寄りの音の変化を意識しましょう。

🔊 音声 019

声調

中国語は音の高さも意味を表す重要な要素です。「第１声」から「第４声」までの４パターンと、軽く添える「軽声」があり、これらを「四声」と呼びます。声調記号は母音の上に付けます。

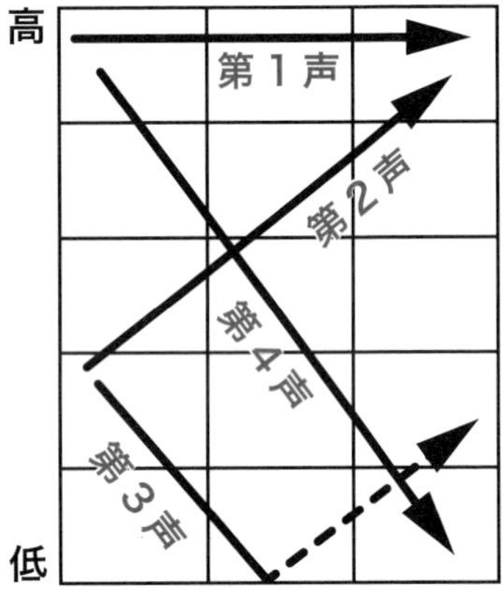

▶ 第１声

高く平らに発音する。
声調記号は“ ˉ ”。

ā　妈 (mā)　お母さん

▶ 第２声

下から一気に上げる。
声調記号は“ ˊ ”。

á　麻 (má)　麻

▶ 第３声

低く抑え最後に上げるが、後にほかの音が続く場合は最後を上げない（半３声）。
声調記号は“ ˇ ”。

ǎ　马 (mǎ)　ウマ

▶ 第4声

上から一気に下げる。　　　　à　骂　罵る
声調記号は " ˋ "。　　　　　　　　　mà

▶ 軽声

前の音に軽く添える。　　　　a　吗　〜ですか？
前の音によって音の高さ　　　　　　ma
が変わる。声調記号はな
し。

> 文にピンインをつ
> ける場合、先頭は
> 大文字になる

第1声＋軽声　　　喝 吗?　飲みますか？
　　　　　　　　　Hē ma?

第2声＋軽声　　　来 吗?　来ますか？
　　　　　　　　　Lái ma?

第3声＋軽声　　　好 吗?　いいですか？
　　　　　　　　　Hǎo ma?

第4声＋軽声　　　看 吗?　見ますか？
　　　　　　　　　Kàn ma?

▶ 声調記号の位置

① "a" があればその上　　　　　　　jiāo　shuāng

② "e" か "o" があればその上　　　　liè　guō

③ "iu" "ui" があれば後の母音の上　jiǔ　duì

第３声の変調

　第３声が連続すると、前の第３声は第２声で発音します。これを「声調変化（変調）」と呼びます。第３声が連続しても、間にポーズが入る場合は変調しません。また、ピンインの綴りは変調前の第３声で表記します。

▶ 第３声が連続するもの

Nǐ hǎo!
① 你 好!　こんにちは！

Hěn hǎo!
② 很 好!　いいですね！

▶ 途中にポーズを入れた場合

Wǒ xiǎng xǐzǎo.
③ 我 想 洗澡。　私はお風呂に入りたいです。

Wǒ hěn xiǎng nǐ.
④ 我 很 想 你。　私はあなたに会いたいです。

▶ ２文字目の軽声が本来第３声の場合
（変調するものと変調しないものがある）

nǎli
⑤ 哪里　どこ

yǐzi
⑥ 椅子　椅子

"a" "o" "e" で始まる音が別の音の直後に付く場合、ピンインに隔音記号（'）を入れる。

nǚ'ér
女儿　娘

píng'ān
平安　平安である

tǔ'ǒu
土偶　泥人形

🔊 音声 021

"不"の変調、"一"の変調

"不" は単独で発音すると第４声ですが、後に第４声が続く場合は第２声に変調します。

bù chī
① 不 吃　　　食べない

bù lái
② 不 来　　　来ない

bù mǎi
③ 不 买　　　買わない

bú qù
④ 不 去　　　行かない

"一" は単独で発音すると第１声ですが、後に第１声、第２声、第３声が続く場合は第４声に、後に第４声が続く場合は第２声に変調します。ただ、順番を表す序数などの場合は変調しません。

yìqiān
⑤ 一千　　　1,000

yì nián
⑥ 一 年　　　1 年

yìbǎi
⑦ 一百　　　100

yíwàn
⑧ 一万　　　10,000

yīyuè
⑨ 一月　　　1 月

dì yī ge
⑩ 第 一 个　　　第 1 の

※ p.56、p.57 のピンインと発音ガイドは、変調する音が赤字になっています。

◀)) 音声 022

1. トラック 22 を聴いて、次のうち読まれたものを選びましょう。

（1）　a　　　　　　　　　　　er

（2）　-i (yi)　　　　　　　　-ü (yu)

（3）　-u (wu)　　　　　　　-ü (yu)

（4）　-u (wu)　　　　　　　e

（5）　o　　　　　　　　　　e

（6）　ou　　　　　　　　　-uo (wo)

（7）　-ia (ya)　　　　　　　-ua (wa)

（8）　-ie (ye)　　　　　　　-üe (yue)

（9）　-iou (you)　　　　　　-iao (yao)

（10）　-uai (wai)　　　　　-uei (wei)

🔊 **音声 023**

2. トラック 23 を聴いて、次のうち読まれたものを選びましょう。

(1) an　　　　　　　　　ang

(2) -in (yin)　　　　　　　-ing (ying)

(3) -ueng (weng)　　　　　-iong (yong)

(4) eng　　　　　　　　　ong

(5) -uan (wan)　　　　　　-uang (wang)

(6) -üan (yuan)　　　　　-ian (yan)

(7) -ün (yun)　　　　　　-in (yin)

(8) -uen (wen)　　　　　　-ueng (weng)

(9) -üan (yuan)　　　　　-uen (wen)

(10) -ian (yan)　　　　　　-iang (yang)

3. トラック24 を聴いて、次のうち読まれたものを選びましょう。

（1）　bo　　　　　　　　po

（2）　zhi　　　　　　　　chi

（3）　qi　　　　　　　　chi

（4）　xi　　　　　　　　shi

（5）　shu　　　　　　　　xu

（6）　zhu　　　　　　　　ju

（7）　ju　　　　　　　　qu

（8）　gu　　　　　　　　ge

（9）　ji　　　　　　　　zi

（10）　cu　　　　　　　　ci

🔊 音声 025

4. トラック 25 を聴いて、次のうち読まれたものを選びましょう。

（1） mā　　　má　　　mǎ　　　mà

（2） qī　　　qí　　　qǐ　　　qì

（3） zī　　　zí　　　zǐ　　　zì

（4） zhī　　　zhí　　　zhǐ　　　zhì

（5） bāo　　　báo　　　bǎo　　　bào

（6） duō　　　duó　　　duǒ　　　duò

（7） yōu　　　yóu　　　yǒu　　　yòu

（8） yīng　　　yíng　　　yǐng　　　yìng

（9） xiān　　　xián　　　xiǎn　　　xiàn

（10） xiāng　　　xiáng　　　xiǎng　　　xiàng

子音は息の使い方がポイント！

　中国語は有気音と無気音の区別があり、どちらで発音するかによって意味が変わります。

　　怕 pà（怖い）　　⇒　有気音
　　爸 bà（お父さん）⇒　無気音

　この二つのピンインに注目してください。母音（"a"）と声調（第4声）は同じですが、先頭の"p"と"b"、つまり子音が違いますね。"p"は息を強く出す「有気音」、"b"は息を抑える「無気音」です。ピンインを見るとローマ字読みで「パー」「バー」と発音したくなりますが、日本語の「パ」や「バ」とは違う音です。日本語の「パー」は中国語の"pa"ほど息を強く出さないので、ネイティブには"ba"と聞こえてしまうことがあります。一方、「バー」は子音を発音するときに声帯が震える、つまり、母音を同じタイミングで発音するので、中国語の"ba"よりも強く濁った音になります。

　ここで、「息が出ているかどうか」「声帯が震えているか」は、どうしたら分かるでしょうか。まず、「パンケーキ」「葉っぱ」と発音してみてください。「パンケーキ」の「パ」は後に「ン」があるので、唇を勢いよく開いて（息を強く破裂させて）発音しています。一方、「葉っぱ」の「ぱ」は、直前に小さい「っ」があるため、息を抑えてそっと発音します。手を口の前に当てて発音すると、息の出る量の違いが分かりますね。つまり、「パンケーキ」が有気音、「葉っぱ」が無気音に近い音です。

　また、中国語は日本語よりも、子音を響かせる時間が長めです。"ma"を発音するときは、"m"で少しハミングをするように響かせますし、"ke"を発音するときも"k"の部分ではっきりと息の音を出してから"e"を続けます。中国語の発音では、まずは子音をはっきり発音し、そのあとで母音を響かせましょう。

　逆に、中国の方にとっても、日本語らしい息や声帯の使い方は難しいようです。例えば「私は」と言うとき、人によっては「た」の部分で息を強く出しすぎたり、逆に息を抑えすぎたり、中には「ワダシワ」と発音する人もいます。

　外国語の発音をマスターするにはネイティブの音をたくさん聞くことも大切ですが、日本語との違いを意識してみたり、外国人の話す日本語に注目してみたりすると、思わぬヒントがあるかもしれません。

基礎知識編

数字①
(1 ～ 99)

「1」から「99」までは日本語と同じ表記で表せます。

| yī 一 1 | èr 二 2 | sān 三 3 | sì 四 4 | wǔ 五 5 |
| liù 六 6 | qī 七 7 | bā 八 8 | jiǔ 九 9 | shí 十 10 |

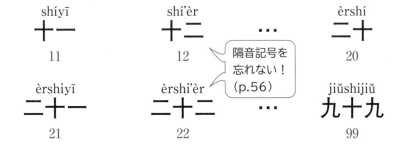

shíyī
十一
11

shí'èr
十二
12

…

èrshí
二十
20

隔音記号を
忘れない！
(p.56)

èrshiyī
二十一
21

èrshi'èr
二十二
22

…

jiǔshijiǔ
九十九
99

"二十一" や "九十九" のように数字に挟まれた "十" は軽声で発音します。

🔊 音声 027

数字②
（3桁以上）

　3桁以上の数字には日本語と異なる表記もありますが、まずは大きな桁と日本語と同じ表記の場合を紹介します。

bǎi	qiān	wàn	yì	zhào
百	千	万	亿	兆
百	千	万	億	兆

sānbǎi　èrshiyī
三百 二十一
321

jiǔshibā　wàn　qīqiān　liùbǎi　wǔshisì
九十八 万 七千 六百 五十四
987,654

「億」の簡体字は "亿"。日本語と異なる3桁以上の数字は次ページ以降で紹介。

数字③
（1のルール）

　ここからは日本語と違うルールの紹介です。まず、「1のルール」について日本語と比較してみましょう。

▶ "百" や "千" などの前の "一" は省略しない

yìbǎi	yìqiān	yíwàn
一百	一千	一万
100	1,000	10,000

▶ 3桁以上の場合、"十" の前の "一" は省略しない

shíwǔ	liùbǎi　yīshiwǔ
十五	六百 一十五
15	615

yíwàn	yìqiān	yìbǎi	yīshiyī
一万	一千	一百	一十一
	11,111		

"万" "千" "百" などの前の "一" は変調しますが、"十" の前の "一" は変調せず第1声で発音します。

🔊 音声 029

数字④
（0 のルール）

「0」は位を表す意味で大変重要です。次のページの「桁の省略」と合わせて覚えましょう。

▶ 「0」には 2 通りの表記がある

líng　　　líng
零 ／ 〇
0　　　　　0

▶数字に挟まれた "〇" は必ず発音する

qībǎi　líng　bā
七百 〇 八
708

▶数字に挟まれ連続した "〇" は 1 度だけ発音する

qīqiān　líng　bā
七千 〇 八
7,008

数字に挟まれた "〇" は、日本語で「7,008」を「7 千とんで 8」と言う場合の「とんで」のような使い方をします。

数字⑤
（桁の省略）

3桁以上で最後が「0」の場合、小さい桁は省略できます。間違いやすいので最後のまとめで整理しましょう。

▶ 3桁以上の数字で最後が「0」の場合、小さい桁は省略できる。「0」が連続しても省略可能

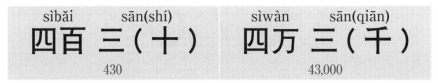

▶ 「0」と「0」の間に別の数字を含む場合は省略不可

▶ 「0のルール」と「桁の省略」のまとめ

一万　一		11,000
一万〇一		10,001
一万〇一十		10,010

🔊 音声 031

数字⑥
（2のルール）

「2」を表すには2種類の漢字があります。違いを確認してみましょう。

▶「2」には2通りの表記がある

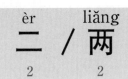

二 ／ 両

▶ "二" を使う場合
- ●「12」「20」など2桁の数字
- ●「2番」「2位」などの序数
- ●「2月」「2日」などの時点
- ● 分数や小数

▶ "両" を使う場合
- ● 一般的に4桁以上の数字の先頭
- ●「2つ」「2人」などの数量
- ●「2カ月間」「2日間」などの期間
- ●「2時」

「200」の場合、"二" と "両" のどちらを使う場合もあります。また、"両千両百" のように先頭に連続する2つの「2」を "両" と発音する場合もあります。

物の数え方

　物を数える場合、「1つ」「3本」のように数字と「助数詞」を組み合わせますね。中国語の「助数詞」は "**量词** liàngcí" と言います。

▶ 量詞は数字の後に置く（"个" は「個」の簡体字）

▶数える対象は量詞の後に置く

▶ "个" は専門の量詞がある場合にも汎用的に使える

> 量詞の "个" は軽声で発音しますが、本来は第4声なので、前に "一" がくる場合、"一" は第2声に変調します。

🔊 音声 033

基本的な量詞

量詞にはさまざまな種類があります。よく使うものから順に覚えていきましょう。(p.265 参照)

量詞	数える対象	数える対象の特徴
ge **个**	人，苹果，国家 人　リンゴ　国家	人や物など汎用的に使う
běn **本**	书，杂志，小说 本　雑誌　小説	書物
jiàn **件**	大衣，事情，行李 コート　事柄　荷物	上着、事柄、仕事、荷物など
tiáo **条**	裙子，　狗，　河 スカート　イヌ　川	細長いもの、細長い動物、細長いイメージのあるもの
zhāng **张**	纸，嘴，桌子 紙　口　机	紙や布など、顔や口、表面が平らなものなど
zhī **只**	猫，小鸟，手 ネコ　小鳥　手	動物、対になっているものの片方

"条" で数える「細長い動物」には「イヌ」「魚」「竜」「蛇」などが含まれます。「ネコ」や「ネズミ」など一般的な動物は「只」なので 、"条" で数える動物を覚えておきましょう。

年月日

年月日は基本的に西暦で表します。年月日の"一"は第1声で発音し、「2」には"二"を使います。

▶ 年の数字は基本的に一つずつ発音する

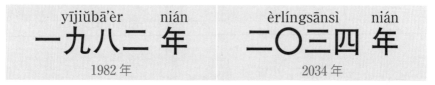

yījiǔbā'èr	nián	èrlíngsānsì	nián
一九八二	年	二〇三四	年
1982年		2034年	

▶ 月の数字は"十一"の"十"のように桁をつける

yīyuè	èryuè	sānyuè	shíyīyuè	shí'èryuè
一月	二月	三月	十一月	十二月
1月	2月	3月	11月	12月

＊月は数字込みで1単語扱いにする場合が多い

▶「日」には書き言葉と話し言葉がある

	yī rì	èr rì	èrshiyī rì
書き言葉	一日	二日	二十一日
	1日	2日	21日
	yī hào	èr hào	èrshiyī hào
話し言葉	一号	二号	二十一号
	1日	2日	21日

曜日

中国語の曜日の表現は合理的で、月曜日から土曜日は数字で表せます。

月曜日	xīngqīyī **星期一**
火曜日	xīngqī'èr **星期二**
水曜日	xīngqīsān **星期三**
木曜日	xīngqīsì **星期四**
金曜日	xīngqīwǔ **星期五**
土曜日	xīngqīliù **星期六**
日曜日	xīngqītiān xīngqīrì **星期天 / 星期日**

"星期"以外に"周 zhōu"や"礼拜 lǐbài"も曜日を表します。"礼拜"は地域によって使われる話し言葉です。

■》 音声 036

時間①
（点、分、秒）

まずは基本的な時間の表記を確認しましょう。

▶ 時間の単位の表し方

diǎn	fēn	miǎo
点	分	秒
時	分	秒

▶「1時」の "一" は第1声、「2時」は "两" を使う

yī diǎn	liǎng diǎn	shí'èr diǎn
一 点	两 点	十二 点
1時	2時	12時

liǎng diǎn wǔshiyī fēn
両 点 五十一 分
2時51分

shíyī diǎn èrshi'èr fēn sān miǎo
十一 点 二十二 分 三 秒
11時22分3秒

時間②
（半、刻、差）

　中国語には「半」や「～時～分前」のほか、1/4 時間を表す "刻" があります。

▶ "刻" は「15分」と「45分」に使う

yí　kè **一 刻** 15分	bàn **半** 半	sān　kè **三 刻** 45分	chà **差** （～時）～分前

▶時間の2通りの表現

3:15	sān dián shíwǔ fēn **三 点 十 五 分**	sān dián yí kè **三 点 一 刻**
3:30	sān dián sānshí fēn **三 点 三 十 分**	sān dián bàn **三 点 半**
3:45	sān dián sìshiwǔ fēn **三 点 四 十 五 分**	sān dián sān kè **三 点 三 刻**
3:50	sān dián wǔshí fēn **三 点 五 十 分**	chà shí fēn sì dián **差 十 分 四 点**

"差" は「足りない」という意味で、"差十分四点" は「4時に10分足りない」から「4時10分前」になります。

時間帯

　日本語では「14 時」「20 時」などの表現もよく使いますが、中国語では習慣的に時間帯をつけて表現します。

▶時間帯とおおよその区分

朝 （明け方から 9 時ごろまで）	zǎoshang 早上
午前 （9 時ごろから昼前まで）	shàngwǔ 上午
お昼 （11 時ごろから 13 時ごろまで）	zhōngwǔ 中午
午後 （昼過ぎから夕方まで）	xiàwǔ 下午
夕方 （夕方、暗くなるまで）	bàngwǎn 傍晚
夜 （暗くなってから 0 時ごろまで）	wǎnshang 晚上
夜中 （0 時ごろから明け方まで）	yèli 夜里

xiàwǔ liǎng diǎn
下午 两点
午後 2 時

wǎnshang bā diǎn
晚上 八点
夜 8 時

🔊 音声 039

日、週、月、年

「日」「週」「月」「年」の過去、現在、未来の表現を見てみましょう。

発 音

基礎知識

▶「週」と「月」は同じルールで表現できる

shàng (ge) xīngqī 上（个）星期 先週	zhè(ge) xīngqī 这（个）星期 今週	xià (ge) xīngqī 下（个）星期 来週
shàng ge yuè 上 个 月 先月	zhège yuè 这个 月 今月	xià ge yuè 下 个 月 来月

＊"星期" の "个" は省略できる

＊「先々週」は "上上个星期"、「来々月」は "下下个月" となる

▶「日」と「年」は似たルールで表現できる

qiántiān 前天 一昨日	zuótiān 昨天 昨日	jīntiān 今天 今日	míngtiān 明天 明日	hòutiān 后天 明後日
qiánnián 前年 一昨年	qùnián 去年 去年	jīnnián 今年 今年	míngnián 明年 来年	hòunián 后年 再来年

＊"前天""前年" を日本語の「前日」「前年」と混同しないように

文 法

資 料

時点と時量

　「時点」は「1時」や「2月2日」などのように時の流れの中のある一点を表し、「時量」は「1時間」や「2日間」などのようにある期間を表します。

時点（ある一点）	時量（ある期間）
二 分 èr fēn 2分	**两 分** liǎng fēn 2分間
两 点 liǎng diǎn 2時	**两 个 小时** liǎng ge xiǎoshí 2時間
二 日 / 二 号 èr rì / èr hào 2日（書き言葉）2日（話し言葉）	**两 天** liǎng tiān 2日間
第 二 个 星期 dì èr ge xīngqī 2週目、第2週	**两 个 星期** liǎng ge xīngqī 2週間
二月 èryuè 2月	**两 个 月** liǎng ge yuè 2カ月間
第 二 年 dì èr nián 2年目	**两 年** liǎng nián 2年間

　「時点」は基本的に"二"を使いますが、「2時」だけは例外的に"两"を使います。「2分」は基本的に"二分"ですが、"两分"を使う人もいます。

🔊 音声 041

お金

お金の単位とお金にまつわる表現を見てみましょう。

▶ 中国の貨幣単位は 3 種類で、書き言葉と話し言葉がある

書き言葉	yì 1 元	=	shí 10 角	=	yìbǎi 100 分
	1元		10角		100分
話し言葉	yí 1 块	=	shí 10 毛	=	yìbǎi 100 分
	1元		10角		100分

＊下の単位は省略でき、"二十五块八" は「25元8角」を表す

▶ 通貨の種類

rénmínbì 人民币	rìyuán 日元	měiyuán 美元
人民元（中国の通貨）	日本円	アメリカドル

▶割引の表現

dǎzhé 打折	dǎ bā zhé 打 八 折	bànzhé 半折
割引する	8掛け（2割引）	半額

＊「2割引」は「8掛け（元値に0.8を掛ける）」と表現する

発音

基礎知識

文法

資料

家族呼称

中国語では「父方」か「母方」かで呼び方の変わることがあるので注意しましょう。

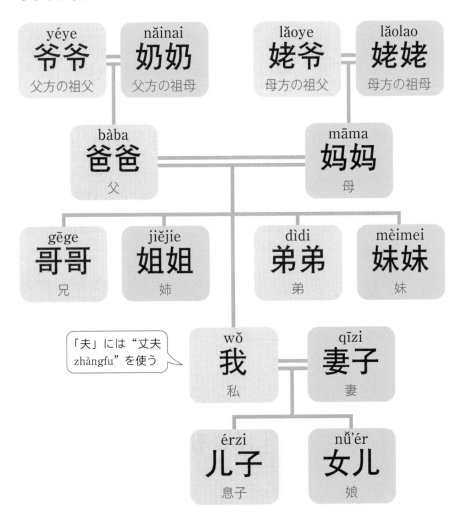

人称代詞

複数形には"们"をつけます。三人称は漢字は異なりますが、すべて同じ発音です。

	単数	複数
一人称	wǒ **我** 私	wǒmen　　　　zánmen **我们 / 咱们** 私たち　（聞き手を含む）私たち
二人称	nǐ　　　nín **你 / 您** あなた　（敬語の）あなた	nǐmen **你们** あなたたち
三人称	tā **他** 彼	tāmen **他们** （男女の場合も含めた）彼ら
	tā **她** 彼女	tāmen **她们** 彼女ら
	tā **它** それ	tāmen **它们** それら

"咱们"の「私たち」は「私たちで一緒に行こうよ」のように常に聞き手を含みます。"我们"にはそのような制限はありません。

右端縦書き: 発音　基礎知識　文法　資料

指示代詞

日本語は「こそあど言葉」と言いますが、中国語には「そ」に当たる表現がありません。自分に近いか遠いかによって判断します。

近称	遠称	疑問
zhè **这** これ / この	nà **那** あれ / あの	nǎ **哪** どれ / どの
zhège/zhèige **这个** この	nàge/nèige **那个** あの	nǎge/něige **哪个** どの
zhèxiē **这些** これら	nàxiē **那些** あれら	nǎxiē **哪些** 「どれ」の複数形
zhèli　　zhèr **这里 / 这儿** ここ	nàli　　nàr **那里 / 那儿** あそこ	nǎli　　nǎr **哪里 / 哪儿** どこ

＊ "这" "那" "哪" は目的語では使わない
＊ "这个" "那个" "哪个" は "这一个 zhè yí ge" のように間の "一" が省略されたものなので、話し言葉で "一" の影響が残り、"zhèige" と発音することもある
＊ "哪里" の "里" は軽声だが本来は第３声で、発音も "náli" となる
＊ "这儿" "那儿" "哪儿" は話し言葉

方位詞

何かを基準にして場所や位置を表す言葉を「方位詞」と呼びます。中国語では「道で」を "路上" と言うなど、省略できないことが多いです。

lǐ wài **里 / 外** 中 外	lǐbian **里边** 中、中側	lǐmiàn **里面** 中、中側	wàibian **外边** 外、外側	wàimiàn **外面** 外、外側
shàng xià **上 / 下** 上 下	shàngbian **上边** 上、上側	shàngmiàn **上面** 上、上側	xiàbian **下边** 下、下側	xiàmiàn **下面** 下、下側
qián hòu **前 / 后** 前 後ろ	qiánbian **前边** 前、前側	qiánmiàn **前面** 前、前側	hòubian **后边** 後ろ、後側	hòumiàn **后面** 後ろ、後側
zuǒ yòu **左 / 右** 左 右	zuǒbian **左边** 左、左側	zuǒmiàn **左面** 左、左側	yòubian **右边** 右、右側	yòumiàn **右面** 右、右側

dōng **东** 東	nán **南** 南	xī **西** 西	běi **北** 北

* 「東西南北」は中国語では "东南西北" の順になる
* "东南西北" にもそれぞれ "面" "边" がつく

pángbiān **旁边** そば、隣	duìmiàn **对面** 向かい、前方	fùjìn **附近** 付近

疑問詞

指示代詞で紹介した疑問詞以外にも、以下のような疑問詞をよく使います。

誰	shéi/shuí 谁	
何、どんな	shénme 什么	
いつ	shénme 什么 どんな	shíhou 时候 時、時間
どこ	shénme 什么 どんな	dìfang 地方 場所
なぜ、どうして	wèi 为 ために	shénme 什么 何
どう、どのように、 どうして	zěnme 怎么	
どんな、どうですか	zěn(me)yàng 怎（么）样	

＊「どこ」はp.82の"哪里／哪儿"の方がよく使われる

"怎么"は直後に動詞が続く場合は手段を訊ねる疑問、"怎么"と動詞の間に何かが挟まる場合は非難の意味になります。"他怎么来？（彼はどうやって来るの？）" "他怎么不来？（彼はどうして来ないの！）"

数字に関する疑問詞

数字や分量に関する質問には色々なパターンがあります。

いくつ	jǐ 几	10未満と思われる場合、 日付や時間の質問に使う （必ず量詞が必要）
どのぐらい	duōshao 多少	数字に制限なく使える（量詞は省略可能）
どのぐらい〜	duō… 多…	"多长"「どのぐらい長い」、 "多高"「どのぐらい高い」 のように使う

* "多…" は「大小」なら「大きい」、「長短」なら「長い」のように程度の高い方を使う

Jǐ ge rén?
几 个 人?
（数名を想定して）何人？

Duōshao rén?
多少 人?
（人数の多少に関わらず）何人？

Jǐ yuè jǐ hào xīngqī jǐ?
几 月 几 号 星期 几?
何月何日何曜日？

Duō dà?
多 大?
どのぐらい大きい？

Duō yuǎn?
多 远?
どのぐらい遠い？

Duō zhòng?
多 重?
どのぐらい重い？

年齢の質問、干支

　年齢を尋ねる場合、相手によって質問の表現を変えます。また、相手の干支を尋ねることもしばしばあります。

いくつ？	Jǐ suì? 几 岁?	10歳に満たない子供に
10何歳？	Shí jǐ suì? 十 几 岁?	年代の分かっている相手に
何歳？	Duō dà? 多 大?	子供、若者、同年代に
ご年齢は？	Duō dà suìshu? 多 大 岁数?	お年寄りに
ご年齢は？	Duō dà niánjì? 多 大 年纪?	お年寄りに

shǔ 鼠 子	niú 牛 丑	hǔ 虎 寅	tù 兔 卯	lóng 龙 辰	shé 蛇 巳
mǎ 马 午	yáng 羊 未	hóu 猴 申	jī 鸡 酉	gǒu 狗 戌	zhū 猪 亥

　一般的な動物の名前としては、「ネズミ」は "老鼠"、「トラ」は "老虎"、「ウサギ」は "兔子"、「サル」は "猴子" となります。中国語で "猪" は「ブタ」を指し、「イノシシ」は "野猪" です。

🔊 音声 049

"的" の使い方

　"的" は基本的に日本語の「～の」に当たりますが、いろいろな用法があります。

▶ "A的B" で「AのB」という意味を表す

wǒ de qiánbāo 我 的 钱包 私の財布	tā de rénshēng 她 的 人生 彼女の人生

▶ 1単語のように扱うものは "的" が省略可能

Měiguó diànyǐng 美国 电影 アメリカ映画	xiàndài yīnyuè 现代 音乐 現代音楽

▶ 家族や所属場所のような場合は "的" が省略可能

wǒ dìdi 我 弟弟 私の弟	wǒmen gōngsī 我们 公司 我々の会社

▶ "A的" で「Aの（もの）」という意味になる

wǒ de 我 的 私の（物）	A gōngsī de A 公司 的 A会社の者

▶ "A的B" で「AなB」と修飾の意味も表せる

báisè de jiā 白色 的 家 白い家	xìngfú de rénshēng 幸福 的 人生 幸福な人生

1. 次の中国語を数字で書きましょう。

(1) 両千両百

(2) 一百八

_____

_____

2. 次の日本語を中国語に訳しましょう。

(1) 2 年間

(2) 2 年目

_____

_____

(3) 2 時 22 分

(4) 12 時 2 分

_____

_____

3. 次の空欄に当てはまる量詞を下の選択肢から選んで入れましょう。
（只 / 条 / 件 / 张 / 个 / 本）

(1) 一 _____ 事情　(2) 两 _____ 裙子　(3) 三 _____ 苹果

(4) 四 _____ 书　(5) 五 _____ 纸　(6) 六 _____ 猫

4. 次の日付・曜日・時間帯に関する中国語を日本語に訳しましょう。

(1) 前天

(2) 这个月的十三号

_____

_____

(3) 明天上午十点

(4) 上个星期六

_____

_____

5. 次の日本語を中国語に訳しましょう。

（1）この国

_____

（2）この本

_____

（3）あの事

_____

（4）あそこの人

_____

6. 次の日本語を中国語に訳しましょう。

（1）あなたたちの会社

_____

（2）私たちの国

_____

（3）彼女の家

_____

（4）私の荷物

_____

7. 次の中国語を日本語に訳しましょう。

（1）今天几月几号?

_____?

（2）明天星期几?

_____?

（3）你多大?

_____?

（4）几个人?

_____?

（5）家里面

_____

（6）公司对面

_____

縁起が良い？　悪い？

　日本では、その音から「4」や「9」は縁起が悪いとされる、結婚式では「切れる」に通じる刃物を贈ってはいけない、めでたい席では「終わり」と言わずに「お開き」を使うなど、縁起を担ぐことがありますね。実は中国でも似たような習慣があります。ただ、日本と同じではないので、場合によっては注意が必要です。

　まず、数字から始めましょう。中国で非常に喜ばれる数字は「8」と「6」です。これは「8」が「お金が儲かる」という意味の "**发财 fācái**" の "**发**"、に「6」が「万事順調にいく」という意味の "**六六大顺 liù liù dà shùn**" に通じるためです。大手ホテルなどの電話番号に「8」や「6」が使われていたり、これらの数字が多く入った車のナンバープレートや携帯電話番号が高値で取引されていたりします。また、「9」は「永遠」の "**久 jiǔ**" と同じ発音なので、やはり良いイメージがあります。逆に「4」は日本と同じ理由で敬遠されます。また、意外なところで "**250 èrbǎi wǔ**" には「バカ」などの意味があるので避けましょう。

　次に色ですが、伝統的に好まれるのは「赤」「黄」「金」です。ただ、「黄」は日本の「ピンク」のように性的な意味を表すこともあるので、"**黄色…**" には注意が必要です。「緑」は「エコ」「オーガニック」「安全」などの意味ですが、「緑の帽子」は良くない意味があるので避けましょう。「白」は伝統的に哀悼の色で、さらに「無駄に」という意味もあります。ただ、今は西洋の影響で白いウェディングドレスも使われます。「黒」は京劇では「正直」「勇敢」の意味ですが、今は "**黑社会 hēishèhuì**" が「裏社会」、"**黑名单 hēimíngdān**" が「ブラックリスト」と、「悪」「違法」「裏」などを表す場合に使うことが多々あります。

　中国の方にプレゼントを贈る場合はどうでしょう。まず、最も気をつけなければいけないのは「置時計」です。日本では記念品として印字された置時計を贈ることも珍しくありませんが、中国では "**送钟 sòng zhōng（置時計を贈る）**" が "**送终 sòngzhōng（最期を看取る、葬式を出す）**" を連想させるので、不吉な意味になるのです。ちなみに「腕時計」など小型の時計は "**表 biǎo**" なので問題ありません。ほかにも別れを想起させる「傘」や「扇」、さらに「靴」「ハンカチ」「財布」「刃物」なども避けたほうが無難です。せっかく贈るプレゼントであれば、相手に喜んでもらえるものが良いですよね。日本らしいもの、相手のことを考えたものを選びましょう。日本製であるかどうかも忘れずにチェックしてください。また、「つまらないもの」と謙遜するのではなく、「あなたが喜ぶと思って」という言葉を添えましょう。

文法編

Step 01 動詞述語文
主語＋動詞（＋目的語）

① Wǒ qù.
我 去。
私　　行く
S（主語）　V（動詞）

私は行きます。

> 地名や固有名詞の
> ピンインは先頭を
> 大文字にする

② Wǒ qù Zhōngguó.
我 去 中国。
私　　行く　　中国
S（主語）　V（動詞）　O（目的語）

私は中国へ行きます。

去 qù 動 行く		公园 gōngyuán 名 公園	
中国 Zhōngguó 名 中国		吃 chī 動 食べる	
吗 ma 助 〜か		面包 miànbāo 名 パン	
不 bù 副 〜でない、〜しない		肉包子 ròubāozi 名 肉まん	
公司 gōngsī 名 会社		来 lái 動 来る	
学校 xuéxiào 名 学校		日本 Rìběn 名 日本	

中国語の基本はＳＶＯ

　中国語の基本的な文は「主語（S）＋動詞（V）＋目的語（O）」の形になります。"ＳＶＯ"で表せる文には、「ＳはＯへＶする」や「ＳはＯをＶする」などがあります。

①　我 去。

中国語の一番単純な文は「主語（S）＋ 動詞（V）」となる。①の場合は主語が "**我（私）**" で動詞が "**去（行く）**" なので、「"**我**" は "**去**" する」、つまり「私は行く」となる。

②　我 去 中国。

②は「主語（S）＋ 動詞（V）＋ 目的語（O）」となる。主語が "**我（私）**"、動詞が "**去（行く）**"、目的語が "**中国（中国）**" なので、全体で「"**我**" は "**中国**" へ "**去**" する」、つまり「私は中国へ行く」となる。

　中国語の基本は「ＳＶＯ」ですが、語順がすべて英語と同じというわけではありません。例えば「私は明日、中国へ行きます」は "**明天我去中国**" となり、動作が行われる時間が動詞より前になっています。これは日本語と似ていますね。なお、p.267 に「主な動詞」の一覧がありますので、参考にしてみてください。

Nǐ qù Zhōngguó ma?
③ 你 去 中国 吗？

あなたは中国に行きますか？

疑問文の場合は文末に「～か」という意味の "吗" をつける。これを「"吗"
疑問文」という。なお、中国語の疑問文には必ず "？" をつける。

Wǒ bú qù Zhōngguó.
④ 我 不 去 中国。

私は中国に行きません。

否定文の場合は動詞の前に "不" をつける。なお、"去" は第4声なので、"不"
は第2声で発音する(参照 p.57)。

Nǐ qù gōngsī ma?
⑤ A： 你 去 公司 吗？

あなたは会社に行きますか？

Qù, wǒ qù gōngsī.
B1： 去, 我 去 公司。

はい、私は会社へ行きます。

Bú qù, wǒ bú qù gōngsī.
B2： 不 去, 我 不 去 公司。

いいえ、私は会社へ行きません。

日本語は「はい」「いいえ」、英語は "Yes""No" と答えるが、中国語は聞か
れた動詞をそのまま使って答える。ここでは "你去公司吗？" と "去" で聞
かれているので、「はい」は "去（行く）"、「いいえ」は "不去（行かない）"
となる。

⑥　A：
Nǐ qù xuéxiào ma?
你 去 学校 吗？
あなたは学校に行きますか？

　　B：
Bú qù, wǒ qù gōngyuán.
不 去, 我 去 公园。
いいえ、私は公園へ行きます。

否定の場合、"不去" で質問を否定した後、"去" を使って正解を続けることもできる。

⑦　A：
Nǐ chī miànbāo ma?
你 吃 面包 吗？
あなたはパンを食べますか？

　　B：
Bù, wǒ chī ròubāozi.
不, 我 吃 肉包子。
いいえ、私は肉まんを食べます。

否定の場合、「いいえ」の動詞を省略し、"不" だけで答えることもできる。ここでは "不吃" の "吃" が省略されている。

⑧　
Tā lái bu lái Rìběn?
他 来 不 来 日本？
彼は日本に来ますか？

"来不来" のように、肯定形の "来" と否定形の "不来" を並べることで「来るの、来ないの？」という疑問文を作ることもできる。これを「反復疑問文」という。この場合の "不" は軽く発音する。

Step 02 "是" 構文
A "是" B

Tā shì xuésheng.
① 他 是 学生。
彼 ～だ 学生
彼は学生です。

> 中国語の疑問文には
> 必ず "?" をつける

Tā shì xuésheng ma?
② 他 是 学生 吗?
彼 ～だ 学生 ～か
彼は学生ですか?

Tā bú shì xuésheng.
③ 他 不 是 学生。
彼 ～ない ～だ 学生
彼は学生ではありません。

是	shì	動	～だ		朋友	péngyou	名	友だち
学生	xuésheng	名	学生		红茶	hóngchá	名	紅茶
老师	lǎoshī	名	先生		乌龙茶	wūlóngchá	名	ウーロン茶
汉语	Hànyǔ	名	中国語		词典	cídiǎn	名	辞典、辞書
英语	Yīngyǔ	名	英語		山本	Shānběn	名	山本(人名)
演员	yǎnyuán	名	俳優		课本	kèběn	名	テキスト、教科書

"是" は be 動詞に似てる !?

　"是" は主語と述語を＝で結び、"A 是 B" で「A は B だ」という文を作ります。
B は英語では「補語」ですが、中国語では「目的語」という扱いになります。

① 　他 是 学生。

> "A 是 B" が「A は B だ」なので、「"他" は "学生" だ」となり、「彼は学生だ」
> いう文になる。

② 　他 是 学生 吗?

> 「A は B ですか？」という疑問文は、文末に「〜か」に当たる "吗" をつける。

③ 　他 不 是 学生。

> 「A は B ではありません」という否定文は、"是" の前に否定を表す "不"
> をつける。なお、"不" は本来第 4 声だが、"是" が第 4 声なので、変調して
> 第 2 声となる（p.57 参照）。

> 　"是" と「be 動詞」は似ていますが、違いもあります。例えば "A
> 是 B 吗?" と質問された場合、「はい」という意味で "是" と答えるこ
> とができます。「いいえ」は "不是" です。また、「確かに〜だ」とい
> う強調の意味などに使うこともできます。

発　音

基礎知識

文　法

資　料

Tā shì lǎoshī ma?

④ A：他 是 老师 吗？

彼は先生ですか？

Shì, tā shì lǎoshī.

B：是，他 是 老师。

はい、彼は先生です。

"是" は疑問文を受けて「はい」という肯定の返事にも使える。"是" だけで答えてもかまわない。

Nǐ shì Hànyǔ lǎoshī ma?

⑤ A：你 是 汉语 老师 吗？

あなたは中国語の先生ですか？

Bú shì, wǒ shì Yīngyǔ lǎoshī.

B：不 是，我 是 英语 老师。

いいえ、私は英語の先生です。

"不是" は疑問文を受けて「いいえ」という否定の返事にも使える。"不是" や "不" だけで答えてもかまわない。

Tā shì bu shì yǎnyuán?

⑥ A：他 是 不 是 演员？

彼は俳優じゃないかなあ？

反復疑問文の
"不" は軽声

Bú shì, tā shì wǒ de péngyou.

B：不 是，他 是 我 的 朋友。

違うよ、彼は僕の友だちだよ。

"是不是" と、肯定形と否定形を並べることで反復疑問文となる（p.95 参照）。反復疑問文はあまり確信が持てない場合や、相手に確認をとりたい場合などに使う。

⑦　A：
Zhè shì hóngchá ma?
这 是 红茶 吗？
これは紅茶ですか？

B：
Bù, zhè shì wūlóngchá.
不，这 是 乌龙茶。
いいえ、これはウーロン茶です。

"是" は物にも使える。なお、Bでは "不是" の "是" が省略されている。"是" が第4声なので "不是" の "不" は第2声に変調するが、"不" のみの場合は第4声のままとなる。

⑧　A：
Zhè shì nǐ de cídiǎn ma?
这 是 你 的 词典 吗？
これはあなたの辞書ですか？

B1：
Bú shì, zhè shì Shānběn de cídiǎn.
不 是，这 是 山本 的 词典。
いいえ、これは山本さんの辞書です。

B2：
Bú shì, zhè shì wǒ de kèběn.
不 是，这 是 我 的 课本。
いいえ、これは私のテキストです。

B3：
Bú shì, wǒ de cídiǎn shì nàge.
不 是，我 的 词典 是 那个。
いいえ、私の辞書はあれです。

"是" の質問を訂正する際は、場合によってさまざまな表現ができる。ここでは、B1で持ち主の "山本" に、B2で目的語の "课本" に、さらにB3で "那个" と別の対象にと、違う部分に焦点を当てた答え方の例。なお、日本人名は2音節（2つの漢字）が多く、敬称をつけずに使われることもしばしばあるが、基本的に日本語の「呼び捨て」のような失礼な感覚はない。

発音

基礎知識

文法

資料

Step 03 所有の "有"
主語＋"有"＋人・物

① Wǒ yǒu shū.
我 有 书。
私 ある 本

> 第３声が続くので "我" は第２声に

私は本を持っています。

② Nǐ yǒu shū ma?
你 有 书 吗?
あなた ある 本 ～か

> 第３声が続くので "你" は第２声に

あなたは本を持っていますか？

③ Wǒ méiyǒu shū.
我 没有 书。
私 ない 本

私は本を持っていません。

有	yǒu	動	ある、いる	
书	shū	名	本	
没有	méiyǒu	動	ない、いない	
手机	shǒujī	名	携帯電話	
电脑	diànnǎo	名	パソコン、コンピューター	
报纸	bàozhǐ	名	新聞	
杂志	zázhì	名	雑誌	
美国	Měiguó	名	アメリカ	
同事	tóngshì	名	同僚	
英国	Yīngguó	名	イギリス	
和	hé	接	～と	
孩子	háizi	名	子供	

「ある」も「いる」も "有" でOK！

"有" は "A 有 B" で「A は B を所有している」という意味です。B が物なら「ある」や「持っている」、B が人や動物なら「いる」になります。

① 我 有 书。

"A 有 B" が「A は B を所有している」で B が物なので、「"他" は "书" を持っている」となる。なお、"书" は「書」の簡体字で「本」という意味。

② 你 有 书 吗?

「A は B を持っていますか？」という疑問文は、文末に「〜か」に当たる "吗" をつける。

③ 我 没 有 书。

「A は B を持っていません」という否定文は、"有" の代わりに「ない」という意味の "没" をつけた "没有" を使う。否定形ということで "不" を使わないよう注意！

"有" は英語の "have" に似ているところもあり、「ある」「持っている」だけでなく、「いる」などの意味にもなります。人だと例えば「兄弟姉妹」「親族」「友だち」など、動物なら「イヌ」や「ネコ」といったペットや家畜などに使えます。

④ A：
Nǐ yǒu shǒujī ma?

你 有 手机 吗？

あなたは携帯電話を持っていますか？

B：
Yǒu, wǒ yǒu shǒujī.

有 , 我 有 手机。

はい、私は携帯電話を持っています。

“有” は疑問文を受けて「はい」という肯定の返事にも使える。“**有**” だけで答えてもかまわない。

⑤ A：
Nǐ yǒu diànnǎo ma?

你 有 电脑 吗？

あなたはパソコンを持っていますか？

> “没有” の “有” は第 3 声だが、単独や文末では軽く発音

B：
Méiyǒu, wǒ méiyǒu diànnǎo.

没有 , 我 没有 电脑。

いいえ、私はパソコンを持っていません。

“没有” は疑問文を受けて「いいえ」という否定の返事にも使える。“**没有**” だけで答えてもかまわない。

⑥ A：
Nǐ yǒu méiyǒu bàozhǐ?

你 有 没有 报纸？

新聞持ってない？

B：
Méiyǒu, wǒ yǒu zázhì.

没有 , 我 有 杂志。

ないなあ、雑誌はあるよ。

“有没有” と、肯定形と否定形を並べることで反復疑問文となっている。日本語の話し言葉では主語を省略することも多いが、中国語は省略しない場合が多い。

⑦ A：
Nǐ yǒu Měiguó tóngshì ma?
你 有 美国 同事 吗？
あなたにはアメリカ人の同僚はいますか？

B：
Méiyǒu,　wǒ yǒu Yīngguó tóngshì.
没有，我 有 英国 同事。
いいえ、私にはイギリス人の同僚がいます。

"有" は人や動物にも使える。家族だけでなく、友だちや知り合いなど人脈の範囲はすべて「所有の "有"」が使える。

⑧ A：
Nín yǒu érzi ma?
您 有 儿子 吗？
息子さんはいらっしゃいますか？

B1：
Yǒu,　wǒ yǒu liǎng ge érzi.
有，我 有 两 个 儿子。
はい、息子が２人います。

B2：
Yǒu,　wǒ yǒu érzi hé nǚ'ér.
有，我 有 儿子 和 女儿。
ええ、息子と娘がいます。

B3：
Méiyǒu,　wǒ méiyǒu háizi.
没有，我 没有 孩子。
いいえ、私には子供がいません。

"有" や "没有" を使った質問には、状況によって補足説明するなど、さまざまな回答をすることができる。なお日本語では「息子が２人」と数量詞を後に置くのが自然だが、中国語は "两个儿子" と前に置くので注意。"和" は「〜と」という意味で、"A 和 B" で「A と B」となる。

発　音

基礎知識

文　法

資　料

Step 04 存在の"有"、存在の"在"

場所＋"有"＋人・物　　人・物＋"在"＋場所

Bīngxiāng li yǒu dàngāo.

① 冰箱　里　有　蛋糕。
　　冷蔵庫　中　ある　ケーキ

冷蔵庫にケーキがあります。

Dàngāo zài bīngxiāng li.

② 蛋糕　在　冰箱　里。
　　ケーキ　ある　冷蔵庫　中

ケーキは冷蔵庫にあります。

Bīngxiāng li méiyǒu dàngāo.

③ 冰箱　里　没有　蛋糕。
　　冷蔵庫　中　ない　ケーキ

冷蔵庫にはケーキがありません。

Dàngāo bú zài bīngxiāng li.

④ 蛋糕　不　在　冰箱　里。
　　ケーキ　～ない　ある　冷蔵庫　中

ケーキは冷蔵庫にはありません。

🔊 音声 057

冰箱　bīngxiāng 名 冷蔵庫	班　bān 名 クラス
蛋糕　dàngāo 名 ケーキ	家　jiā 名 家
在　zài 動 存在する、（～に）ある	陈　Chén 名 陳(人名)
教室　jiàoshì 名 教室	先生　xiānsheng 名 ～さん(男性に使う)
人　rén 名 人	洗手间　xǐshǒujiān 名 お手洗い
房间　fángjiān 名 部屋	电梯　diàntī 名 エレベーター
电视　diànshì 名 テレビ	

“有” は「何がある」、“在” は「どこにある」

　“有” も “在” も存在を表しますが、「場所＋“有”＋人・物」で「場所には人・物がいる／ある」、「人・物＋“在”＋場所」で「人・物は場所にいる／ある」となります。

①　冰箱 里 有 蛋糕。

「場所＋“有”＋人・物」が「場所には人・物がいる／ある」なので、「“冰箱里” に “蛋糕” がある」となる。「冷蔵庫に何があるか」が話題となっている。

②　蛋糕 在 冰箱 里。

「人・物＋“在”＋場所」が「人・物は場所にいる／ある」なので、「“蛋糕” は “冰箱里” にある」となる。「ケーキがどこにあるか」が話題となっている。

③　冰箱 里 没有 蛋糕。

“有” は “没” で否定するので、「場所には人・物がいない／ない」は「場所＋“没有”＋人・物」となる。

④　蛋糕 不 在 冰箱 里。

“在” は “不” で否定するので、「人・物は場所にいない／ない」は「人・物＋“不在”＋場所」となる。

　　“有” は「その場所に～がいる／ある」なので、存在する人や物は「知らなかった」もしくは「特定しなくてよい」場合に使います。それに対して “在” は「その人・物は～にある／いる」なので、存在する人や物は「知っている」もしくは「特定の」場合に使います。

Jiàoshì li yǒu rén ma?

⑤ A：**教室 里 有 人 吗？**

教室に人はいますか？

Jiàoshì li méiyǒu rén.

B：**教室 里 没有 人。**

教室に人はいません。

文末に "吗？" をつけることで "吗" 疑問文となる。ここでは「人がいるかいないか」が問題なのであって、それが「誰か」を特定する必要はない。

Fángjiān li yǒu méiyǒu diànshì?

⑥ **房间 里 有 没有 电视？**

部屋にテレビはありますか？

"有没有" と反復疑問文にすることもできる。ここでは設備として「テレビがあるかないか」が問題なのであって、それが「どのテレビか」を特定する必要はない。

Nǐmen bān yǒu jǐ ge rén?

⑦ A：**你们 班 有 几 个 人？**

あなたたちのクラスは何人いますか？

Wǒmen bān yǒu bā ge rén.

B：**我们 班 有 八 个 人。**

私たちのクラスは8人います。

存在の "有" は「いる／ある」か「いない／ない」かを聞くだけでなく、人数などを質問することもできる。

Nǐ zài jiā ma?
⑧ A：**你 在 家 吗？**
あなたは家にいますか？

Bù, wǒ zài wàimiàn.
B：**不，我 在 外面。**
いいえ、私は外にいます。

文末に"吗?"をつけることで"吗"疑問文となる。ここでは「あなたのいる場所」が問題で、当然「あなた」は特定の人となる。**"在外面"** は「外出している」という意味。

Chén xiānsheng zài bu zài nǐmen nàr?
⑨ **陈 先生 在 不 在 你们 那儿？**
陳さんは君たちのところにいますか？

"在不在" と反復疑問文にすることもできる。ここでも「陳さん」は特定の人である。**"你们那儿"** は「あなたたち＋そこ」から「あなたたちのいるところ」という意味。また **"先生"** は「先生」の意味ではなく、「～さん」という意味で男性に使う。

Xǐshǒujiān zài nǎr?
⑩ A：**洗手间 在 哪儿？**
お手洗いはどこにありますか？

Xǐshǒujiān zài diàntī pángbiān.
B：**洗手间 在 电梯 旁边。**
お手洗いはエレベーターの隣にあります。

存在の **"在"** の肯定文は特定の人や物のいる場所やある場所を導く表現なので、道案内などでもよく使われる。なお、**"洗手间"** は **"厕所 cèsuǒ（トイレ）"** の婉曲表現である。

発
音

基
礎
知
識

文
法

資
料

107

Step 05　名詞述語文
主語＋名詞

① **今天　星期三。**
Jīntiān xīngqīsān.
今日　　水曜日

今日は水曜日だよ。

② **今天　星期　几?**
Jīntiān xīngqī jǐ?
今日　　曜日　何

今日は何曜日？

③ **今天　不　是　星期三。**
Jīntiān bú shì xīngqīsān.
今日　〜ない 〜だ　水曜日

今日は水曜日ではありません。

小　xiǎo　接頭　〜君、〜ちゃん
　　　　　　　（年下や同年配に）
李　Lǐ　名　李(人名)
老　lǎo　接頭　〜さん(年上や中年以上の特に
　　　　　　　男性に)
张　Zhāng　名　張(人名)
生日　shēngrì　名　誕生日
哪里人　nǎli rén　どこの人
男　nán　形　男性の
北京人　Běijīngrén　名　北京の人

女　nǚ　形　女性の
上海人　Shànghǎirén　名　上海の人
毛衣　máoyī　名　セーター
多少钱　duōshao qián　いくら
苹果　píngguǒ　名　リンゴ
草莓　cǎoméi　名　イチゴ
斤　jīn　量　斤(500g)
一共　yígòng　副　全部で、合わせて

「今、何時？」「これ、いくら？」、ダイレクトにつなげよう！

　"A是B" で「AはBだ」という意味ですが、日時や値段、年齢、身長や体重などは、"是" を使わず名詞だけで述語とすることもできます。

①　今天 星期三。

"星期三" は「水曜日」で名詞だが、「主語＋名詞」の形がとれる。もちろん "今天是星期三" ということもできるが、この場合は強調や改まった意味合いが出る。

②　今天 星期 几?

曜日は基本的に数字で表せるので、「何曜日か」と質問する時は "几"（p.85 参照）が使える。

③　今天 不 是 星期三。

否定文の場合は名詞の前に "不是" を入れる。この場合の "是" は省略できない。

　名詞述語文は基本的に口語で使います。つまり、日本語の「今、何時？」「これ、いくら？」というような砕けたニュアンスです。名詞述語文の述語には、日付、曜日、時間、値段、年齢、身長や体重、天候などが使えます。

④ A1：
Jīntiān shì xīngqīsān ma?
今天 是 星期三 吗？
今日は水曜日ですか？

A2：
Jīntiān shì bu shì xīngqīsān?
今天 是 不 是 星期三？
今日は水曜日ですか？

B：
Jīntiān bú shì xīngqīsān, shì xīngqīsì.
今天 不 是 星期三 ，是 星期四。
今日は水曜日ではありません、木曜日です。

②の疑問詞 "几" を使った疑問文と違い、"吗" 疑問文や反復疑問文、否定文では "是" を省略しない。

⑤ A：
Xiǎo Lǐ duō dà?
小 李 多 大？
李君は何歳？

B：
Tā èrshiwǔ suì.
他 二十五 岁。
彼は25歳だよ。

⑥
Lǎo Zhāng de shēngrì jǐ yuè jǐ hào?
老 张 的 生日 几 月 几 号？
張さんの誕生日は何月何日？

⑤ A、⑥とも疑問詞を使った疑問文で、"是" が省略できる。なお、"小李" の "小" は同年配や年下の名字につけて「～君」「～ちゃん」の意味を、"老张" の "老" は年上か中年以上の人に用い、「～さん」の意味を表す。年配の人は女性にも "老" を使うが、最近は女性には "张姐" のように "姐" を使うのが一般的。

⑦ A： Tāmen nǎli rén?
他们 哪里 人？

彼らはどこの出身？

B： Nán de Běijīngrén, nǚ de Shànghǎirén.
男 的 北京人， 女 的 上海人。

男の人は北京出身、女の人は上海出身だよ。

口語表現。"哪里人"は「どこ」+「人」で「どこの人」と出身地を尋ねる。「北京出身者」は "北京人"、「東京出身者」は "东京人" となる。なお、「どこの国の人」は "哪国人" という。

⑧ Zhè jiàn máoyī duōshao qián?
这 件 毛衣 多少 钱？

このセーターはいくら？

⑨ Yí ge píngguǒ duōshao qián?
一 个 苹果 多少 钱？

リンゴ 1 個でいくら？

⑩ Cǎoméi duōshao qián yì jīn?
草莓 多少 钱 一 斤？

イチゴは 500 グラムでいくら？

⑪ Yígòng duōshao qián?
一共 多少 钱？

全部でいくら？

"多少钱"は値段を尋ねるときに使い、分量や個数を指定して質問することもできる。なお、"多少钱"は例外的に "是" を入れた "这是多少钱？" のような使い方をしない。正しくは "这个多少钱？" また、⑨は "苹果一个多少钱？" "苹果多少钱一个？（⑩の語順）" でもかまわない。

Step 06 形容詞述語文
主語（＋程度副詞）＋形容詞

① Jīntiān fēicháng lěng.
今天 非常 冷。
今日　　非常に　寒い

今日は非常に寒い。

② Jīntiān hěn lěng.
今天 很 冷。
今日　（とても）寒い

今日は寒い。

③ Jīntiān lěng ma?
今天 冷 吗?
今日　寒い　〜か

今日は寒いですか？

④ Jīntiān bù lěng.
今天 不 冷。
今日　〜ない　寒い

今日は寒くありません。

🔊 音声 061

非常	fēicháng 副	非常に	
冷	lěng 形	寒い、冷たい	
很	hěn 副	とても	
考试	kǎo//shì 動	試験する	
难	nán 形	難しい	
太	tài 副	きわめて、あまりにも	
容易	róngyì 形	容易である、簡単である	
领带	lǐngdài 名	ネクタイ	
贵	guì 形	高価である	

有点儿	yǒudiǎnr 副	（望ましくないことに）少し
现在	xiànzài 名	現在
特别	tèbié 副	特に
便宜	piányi 形	安い
天气	tiānqì 名	天気、気候
好	hǎo 形	良い
工作	gōngzuò 名	仕事
忙	máng 形	忙しい
舒服	shūfu 形	気持ちいい

「形容詞で語る」には副詞が外せない ?!

　日本語の「今日は寒い」のように、中国語の形容詞も述語になります。ただし、「主語＋形容詞」だけでは比較などの意味が出るので、「とても」や「非常に」などの副詞を用います。

① 　今天 非常 冷。

> 形容詞述語文は基本的に「主語＋副詞＋形容詞」の形となる。ここでは形容詞が "冷"、それを修飾する副詞が "非常" で「非常に寒い」という意味になる。

② 　今天 很 冷。

> 「非常に」など副詞の意味を出さず、単に「今日は寒い」と言いたい場合は、形式的に "很" を使う。"很" は本来「とても」の意味があるが、強く発音しなければ形式的な使い方で特に意味はない。

③ 　今天 冷 吗?

> 文末に "吗?" を置くことで "吗" 疑問文となる。この場合、形式の "很" は入れない。

④ 　今天 不 冷。

> 否定文の場合は形容詞の前に "不" を入れる。この場合、形式の "很" は入れない。

> 　形容詞述語文に副詞を入れないと、比較などの意味が出ます。例えば副詞を入れずに "今天冷" と言うと「(昨日は寒くなかったが) 今日は寒い」というようなニュアンスになります。なお、p.266 の「主な形容詞」、p.268 の「主な副詞」も参考にしてください。

⑤ A：
Kǎoshì nán bu nán?
考试 难 不 难？
テストは難しいですか？

B1：
Kǎoshì bú tài nán.
考试 不 太 难。
テストはあまり難しくありません。

B2：
Kǎoshì hěn róngyì.
考试 很 容易。
テストは簡単です。

形容詞述語文も "吗" 疑問文のほか、反復疑問文が使える。B1 の "太" は「きわめて」「あまりにも」という意味で、否定では「あまり〜ない」となる。また、B2 のように "难" の質問に対して逆の意味の "容易" で答えることもできる。

⑥ A：
Zhè tiáo lǐngdài guì ma?
这 条 领带 贵 吗？
このネクタイは高いですか？

B1：
Zhè tiáo lǐngdài yǒudiǎnr guì.
这 条 领带 有点儿 贵。
このネクタイはちょっと高いです。

B2：
Xiànzài dǎzhé,　　tèbié piányi.
现在 打折，特别 便宜。
今はセール中なので、特に安いです。

"打折" は「割引」の意味（p.79 参照）

B1 の "有点儿" は「少し」「ちょっと」という意味で、基本的にあまり望ましくないことに用いる。また、B2 は⑤ B2 と同様、"贵" の反意語である "便宜" で答えている。

Tiānqì bù hěn hǎo.
⑦ 天气 不 很 好。
天気はあまり良くありません。

文末の第3声は
短く発音する場
合もある

Tiānqì hěn bù hǎo.
⑧ 天气 很 不 好。
天気はとても悪いです。

形式の "很" は否定文になると消えるが、⑦と⑧は "很" に「とても」の意
味がある。"不很好" は "很好(とても良い)" を "不" で否定しているので「と
ても良いというわけではない→あまり良くない」に、"很不好" は "不好(良
くない)" を "很" で強めているので「とても良くない→とても悪い」になる。
ただし "不很好" よりも⑤B1 の "不太" を使うほうが多い。

Jīntiān tiānqì hěn hǎo.
⑨ 今天 天气 很 好。
今日は天気がとても良いです。

Tā gōngzuò fēicháng máng.
⑩ 他 工作 非常 忙。
彼は仕事が非常に忙しいです。

Nǐ nǎr bù shūfu?
⑪ 你 哪儿 不 舒服?
あなたはどこの具合が悪いんですか?

⑨⑩⑪はそれぞれ黒字が主語、赤字が述語になっているが、赤字の述語自
体が「主語+述語」の構造になっている。つまり、⑨は主語が "今天"、述語
が "天气很好" だが、述語自体が "天气+很好" の「主語+述語」で構成さ
れている。このような文を「主述述語文」と呼ぶ。⑪の "舒服" は「気持ちが
良い」「快適だ」などの意味で、この文は医者が患者に調子の悪いところを
尋ねる場合などに使う。

練習問題 03

1. 次の中国語を正しく並べ替えましょう。

（1）私には弟がいません。

弟弟 　　没有 　　我

_____。

（2）私たちの会社はアメリカにあります。

美国 　　我们 　　在 　　公司

_____。

（3）学校の向かい側に公園があります。

对面 　　公园 　　学校 　　有

_____。

（4）今日はイチゴが非常に安い。

非常 　　便宜 　　草莓 　　今天

_____。

（5）今日は寒くなくて、気持ちが良い。

冷 　　舒服 　　不 　　很 　　今天

_____，_____。

2. 次の中国語を日本語に訳しましょう。

(1) 我 工作 很 忙。

_____。

(2) 我 星期三 有 考试。

_____。

(3) 这 附近 没有 洗手间。

_____。

(4) 冰箱 里 有 红茶 和 乌龙茶。

_____。

(5) 这个 星期日 我 去 中国。

_____。

3. 次の日本語を中国語に訳しましょう。

(1) 今日は寒いです。

_____ 。

(2) 私のパソコンはここにあります。

_____ 。

(3) 私の姉はイギリスにいます。

_____ 。

(4) 私は 100 元を持っています。

_____ 。

(5) 明日は何月何日ですか？

_____ ？

中国語の教材を見つけよう！

　書店に行くと中国語の学習書がたくさん並んでいます。発音、文法、場面別会話など切り口や難易度も様々で、ご自分に合った教材を見つけるには打ってつけの場所ですね。ただ、今回はもう少し手軽な教材にも注目してみましょう

　例えば、中国人が多く訪れる観光地や商業施設では、中国語のパンフレットやサイトを備えている場合が少なくありません。それがあると、中国語と日本語を見比べられますね。ただし、時には誤訳があったり機械翻訳をそのまま掲載されていたりすることもあるので、少し注意が必要です。

　「Wikipedia」のようなサイトを使うのも一つの方法です。仮に日本版のWikipediaで「ドラえもん」と検索してみましょう。右上で言語が選択できるので「中文」を選び、繁体字になっていれば左上の "不转换" から "大陆简体" を選びましょう。すると "哆啦A梦" という中国語での名称や概要、キャラクターの説明など、様々な情報が表示されます。ちょっと "登场角色（登場人物）" にある「ドラえもん」部分を読んでみましょう。"本作主角之一，来自未来世界（22世纪）的蓝色猫型机器人（原本是黄色）。"――「本作の主役の一人、未来の世界（22世紀）から来た青いネコ型ロボット（元々は黄色）。」いかがでしょう？ 中国語を全く知らなくても、大体の意味は分かりそうですね。ここから、「青」が "蓝色" で、「ロボット」が "机器人" というように新しい単語を覚えることができ、さらに、辞書で調べると "来自" が「～から来る」という動詞だと分かります。"哆啦A梦" というタイトルをコピーしてネットで検索すると、中国語の関連情報やコメントなども出てきます。

　慣れてくれば、最初から中国のサイトにアクセスしてみましょう。中国の代表的な検索エンジンである "百度（baidu.com）" のトップページ左上には "新闻（ニュース）" "视频（動画）" などの項目もありますし、ドラマなど（中国語の字幕付きが多い）を見るのもいいですね。さらにハードルを上げるなら、中国の国営テレビである "中国中央电视台" のテレビ放送（tv.cctv.com）にチャレンジしてみましょう。話すスピードが速く単語も硬いので大変ですが、発音が正確で下に字幕が出たりするので、最初は単語を一つ決め、その単語が聞き取れるか集中してみてください。それを繰り返すと、少しずつ分かるようになってきますよ。

　このように中国へ行かなくても生きた教材はたくさん手に入ります。ご自分に合ったものを、楽しみながら探してみてくださいね。

引用：Wikipedia 中文大陸簡体版 2022年11月22日現在
(https://zh.wikipedia.org/zh-cn/%E5%93%86%E5%95%A6A%E5%A4%A2)

Step 07 二重目的語
主語＋動詞＋目的語 A（人）＋目的語 B（物）

① Lǎoshī jiāo wǒmen yǔfǎ.
老师 教 我们 语法。
先生は私たちに文法を教えます。

> "教"は動詞では第 1 声、名詞では"教室 jiàoshì"のように第 4 声

② Lǎoshī jiāo wǒmen yǔfǎ ma?
老师 教 我们 语法 吗？
先生は私たちに文法を教えますか？

③ Lǎoshī bù jiāo wǒmen yǔfǎ.
老师 不 教 我们 语法。
先生は私たちに文法を教えません。

④ Lǎoshī jiāo bu jiāo wǒmen yǔfǎ?
老师 教 不 教 我们 语法？
先生は私たちに文法を教えますか？

◀)) 音声 063

教 jiāo 動 教える		老板 lǎobǎn 名 （商店や中小企業の）社長		
语法 yǔfǎ 名 文法		吧 ba 助 疑問や命令などを和らげる		
给 gěi 動 あげる		找 zhǎo 動 おつりを渡す、探す、訪ねる		
杯 bēi 量 器に入った液体などを数える		送 sòng 動 送る、贈る、届ける		
牛奶 niúnǎi 名 牛乳		礼物 lǐwù 名 プレゼント		
问 wèn 動 質問する		裙子 qúnzi 名 スカート		
问题 wèntí 名 問題、質問		告诉 gàosu 動 告げる、知らせる		
叫 jiào 動 〜と呼ぶ		事 shì 名 事、用事、事故		
师傅 shīfu 名 師匠、親方		请 qǐng 動 どうぞ〜してください		
称 chēng 動 〜と呼ぶ		号码 hàomǎ 名 番号		

「AにBを」あげたり、告げたり、教えたり…

　「AにBをあげる」「AにBを告げる」「AにBを教える」など、動詞の後にA、Bの二つの目的語をとるものを「二重目的語」といいます。文型は「主語＋動詞＋目的語A＋目的語B」で「主語がAにBを～する」となります。

① 老师 教 我们 语法。

> 二重目的語の文は「主語がAにBを～する」で、ここでは主語が "**老师**"、動詞が "**教**"、目的語Aが "**我们**"、目的語Bが "**语法**" となる。この目的語Aを「間接目的語」、目的語Bを「直接目的語」という。

② 老师 教 我们 语法 吗?

> 二重目的語の文も、文末に "**吗?**" を置くことで "**吗?**" 疑問文にすることができる。

③ 老师 不 教 我们 语法。

> 否定文の場合は動詞の前に "**不**" を入れる。

④ 老师 教 不 教 我们 语法?

> 動詞の肯定形と否定形を並べることで、反復疑問文になる。

> 　二重目的語は「～に～を」という表現なので、使われる動詞も限られています。主な二重目的語をとる動詞には "**给** gěi（あげる）" "**借** jiè（借りる／貸す）" "**送** sòng（送る／贈る）" "**还** huán（返す）" "**交** jiāo（渡す）" "**问** wèn（質問する）" "**告诉** gàosu（告げる）" "**通知** tōngzhī（通知する）" などがあります。

Māma gěi háizi yì bēi niúnǎi.
⑤ 妈妈 给 孩子 一 杯 牛奶。
お母さんは子供に牛乳を１杯あげました。

Wǒ wèn lǎoshī yí ge wèntí.
⑥ 我 问 老师 一 个 问题。
私は先生に一つ質問をしました。

二重目的語は常に「間接目的語＋直接目的語（〜に〜を）」の語順となる。また、「あげる」「与える」という文の場合、"妈妈给孩子牛奶"だけだと後に何かを続ける意味合いが出てくるので、"一杯"のように数量詞をつける。

Wǒ jiào tā Lǐ shīfu.
⑦ 我 叫 他 李 师傅。
私は彼を李師匠と呼びます。

Wǒ chēng tā Lǐ lǎobǎn.
⑧ 我 称 他 李 老板。
私は彼を李社長と呼びます。

"叫"や"称"は「〜を〜と呼ぶ」という意味で用いる。なお、⑦の"师傅"は技能労働者に対する尊敬の呼びかけで、タクシーの運転手や料理人などに使う。

Gěi wǒ yìbǎi kuài ba, wǒ zhǎo nǐ shí kuài.
⑨ 给 我 一百 块 吧， 我 找 你 十 块。
僕に100元ちょうだい、10元のおつりを渡すから。

前半、後半とも二重目的語になっている。中国語には「命令文」という形式はなく、平叙文か主語を省略した形を命令文とするが、前半の"给我一百块"は主語を省略した命令文で、"吧"加えることで語調を和らげている。なお、店舗でおつりを渡す場合などは"找您十块"のほうが望ましい。

Nǐ sòng māma shénme lǐwù?

⑩ A：你 送 妈妈 什么 礼物？

お母さんにどんなプレゼントを贈るの？

> "什么" の "什"
> は低く発音

Wǒ sòng māma yì tiáo qúnzi.

B：我 送 妈妈 一 条 裙子。

私はお母さんにスカートを1着プレゼントするよ。

Zhè jiàn shì, nǐ shénme shíhou gàosu tā?

⑪ A：这 件 事，你 什么 时候 告诉 他？

このことをいつ彼に教えるの？

Míngtiān gàosu tā.

B：明天 告诉 他。

明日、彼に話すよ。

疑問詞を使った疑問文は二重目的語の語順を変えず、質問したい内容を疑問詞に置き換える。⑩Aは"你送妈妈什么？"と言うこともできる。⑪Aの"这件事"は目的語が文頭に置かれる例。中国語では目的語が長い場合や強調される場合などに前に出すことが多い。なお、"告诉"は「告げる」「伝える」などの意味で用い、「教える」と訳す場合は「教育する」ではなく「情報を教える」の意味。

Qǐng gàosu wǒ nín de shǒujī hàomǎ.

⑫ A：请 告诉 我 您 的 手机 号码。

あなたの携帯番号を教えてください。

Wǒ de shǒujī hàomǎ shì líng yāo èr sān …….

B：我 的 手机 号码 是 0 1 2 3 ……。

私の携帯番号は0123〜。

⑫のAも命令文だが、文頭に"请"をつけることで「どうぞ〜してください」と丁寧に依頼する意味になる。また、電話番号や部屋番号などは桁をつけずに数字を一つずつ読む。この際、"一 yī" と "七 qī" の聞き間違いを避けるため、"1" を "yāo" と読むのが一般的。

発　音

基礎知識

文　法

資　料

Step 08 連動文
主語＋動詞１＋動詞２

Wǒ qù lǚyóu.
① **我 去 旅游。**
　私は旅行に行きます。

Wǒ qù Běijīng lǚyóu.
② **我 去 北京 旅游。**
　私は北京へ旅行に行きます。

Wǒ bú qù Běijīng lǚyóu.
③ **我 不 去 北京 旅游。**
　私は北京へ旅行に行きません。

🔊 音声 065

旅游	lǚyóu 動 旅行する	机场	jīchǎng 名 空港
北京	Běijīng 名 北京	接	jiē 動 迎える、受ける、続く
回	huí 動 戻る、帰る	客人	kèrén 名 お客
吃饭	chī//fàn 動 ご飯を食べる	坐	zuò 動 座る、(乗り物に)乗る
餐厅	cāntīng 名 レストラン	飞机	fēijī 名 飛行機
刘	Liú 名 劉(人名)	东京	Dōngjīng 名 東京
上课	shàng//kè 動 授業をする／受ける	出差	chū//chāi 動 出張する
大学	dàxué 名 大学	便利店	biànlìdiàn 名 コンビニエンスストア
节	jié 量 区切り、(授業の)コマ	买	mǎi 動 買う
上司	shàngsi 名 上司	啤酒	píjiǔ 名 ビール

「〜をして〜をする」、行う順番に並べよう！

　一つの主語に対して動作を行う順番に二つの動詞を並べる文を「連動文」と呼びます。連動文は「〜に行って〜をする」のように一つ目の動作を行ってから二つ目の動作を連続して行う場合や、「〜を使って〜をする」のように一つ目の動作を手段として二つ目の動作をする場合などに使います。

① 　我 去 旅游。

> 連動文は「主語＋動詞１＋動詞２」の語順となる。ここでは主語が"我"、動詞１が"去"、動詞２が"旅游"なので、「行って旅行をする」となる。訳す場合は自然な日本語になるよう「旅行に行く」とする。

② 　我 去 北京 旅游。

> 動詞の後に目的語を続ける場合は、それぞれの動詞の後に目的語を置く。ここでは動詞１の"去"の後にその目的語となる"北京"を置き、動詞２の"旅游"を続ける。

③ 　我 不 去 北京 旅游。

> 否定文の場合は必ず動詞１の前に"不"を入れる。

　連動文の動詞１のうち、"去"と"来"はその後に動詞２を直接続けることができますが、その他の動詞には目的語が必要です。ただ、動詞の中には離合詞と呼ばれる「動詞＋目的語」の形で構成されたものがあります。離合詞は単語自体に目的語が含まれるので、さらに別の目的語を続けることはできません。また、離合詞は場合によって間にほかの語を挟むこともでき、辞書ではピンインに「//」を入れることで示されます。なお、辞書や本によっては２語扱いにしている場合もあります。p.126の⑤⑥⑦にある"上课"は離合詞です。

④ A1： Nǐ huí jiā chīfàn ma?
你 回 家 吃饭 吗？
あなたは家に帰ってご飯を食べますか？

A2： Nǐ huí bu huí jiā chīfàn?
你 回 不 回 家 吃饭？
あなたは家に帰ってご飯を食べますか？

B ： Bù, wǒ qù cāntīng chīfàn.
不, 我 去 餐厅 吃饭。
いいえ、私はレストランへ行ってご飯を食べます。

> 連動文も "吗" 疑問文や反復疑問文となる。反復疑問文の場合は前の動詞の肯定形と否定形を並べる。否定文の場合は③のように "我不回家吃饭" と前の動詞を否定する形で答えても良い。

⑤ Xiǎo Liú qù shàngkè.
小 刘 去 上课。
劉君は授業を受けに行きます。

⑥ Xiǎo Liú qù dàxué shàngkè.
小 刘 去 大学 上课。
劉君は大学へ授業を受けに行きます。

⑦ Xiǎo Liú qù dàxué shàng liǎng jié kè.
小 刘 去 大学 上 两 节 课。
劉君は大学へ２コマの授業を受けに行きます。

> ⑤⑥⑦とも動詞１が "去"、動詞２が "上课"。⑥は動詞１の後に目的語の "大学" が、⑦は離合詞 "上课" の間に数量が挟まれている。"上课" は「動詞 "上" ＋目的語 "课"」で構成された単語で、"课" が含まれているので、ほかの目的語を続けられない。離合詞には "了" "着" "过" のほか、数量などが挟める。なお、日本語は「授業を受けに＋行く」だが、中国語は「"去" ＋ "上课"」の順になるので注意。

126

Shàngsi qù jīchǎng jiē kèrén.

⑧ 上司 去 机场 接 客人。

上司は空港へお客を迎えに行きます。

Kèrén zuò fēijī lái Dōngjīng.

⑨ 客人 坐 飞机 来 东京。

お客は飛行機で東京へ来ます。

「〜分前」の "差 chà"
（p.75 参照）とは発音
が違うので注意！

Kèrén lái Dōngjīng chūchāi.

⑩ 客人 来 东京 出差。

お客は東京へ出張に来ます。

3つの連動文のうち、⑧は "去"、⑨と⑩は "来" が使われている。これは⑧の「上司が自分から離れて空港へ行く」のに対し、⑨と⑩の「お客は飛行機で遠方から自分に向かって来る」ためである。また、⑧と⑩は動作の順番、⑨は「飛行機に乗って東京に来る」という手段を述べている。なお、"出差" は離合詞なので後に目的語が続かない。

Nǐ qù biànlìdiàn mǎi shénme?

⑪ 你 去 便利店 买 什么？

君はコンビニへ何を買いに行くの？

Nǐ qù nǎli mǎi píjiǔ?

⑫ 你 去 哪里 买 啤酒？

君はどこへビールを買いに行くの？

Shéi qù biànlìdiàn mǎi píjiǔ?

⑬ 谁 去 便利店 买 啤酒？

誰がコンビニへビールを買いに行くの？

疑問詞を使った疑問文は連動文の語順を変えず、質問したい内容を疑問詞に置き換える。なお「コンビニエンス」は「便利」という意味なので「コンビニエンスストア」は "便利店"、また「ビール」は "beer" の音訳である "啤" と意味を表す "酒" を組み合わせた単語。

Step 09 助動詞① 願望、必要、義務
"想／要／得／应该" ＋ 動詞

① Wǒ xiǎng chuān xīzhuāng.
我 想 穿 西装。
私はスーツが着たいです。

「スーツ」は "西服 xīfú" ともいう

② Wǒ yào chuān xīzhuāng.
我 要 穿 西装。
私はスーツを着るつもりです。

③ Wǒ děi chuān xīzhuāng.
我 得 穿 西装。
私はスーツを着なくてはなりません。

④ Wǒ yīnggāi chuān xīzhuāng.
我 应该 穿 西装。
私はスーツを着るべきです。

🔊 音声 067

想	xiǎng	助動	～したい	
穿	chuān	動	着る、履く	
西装	xīzhuāng	名	スーツ、洋服	
要	yào	助動	～するつもり、～すべき、～するだろう	
得	děi	助動	～しなければならない	
应该	yīnggāi	助動	～すべき	
看	kàn	動	見る、読む	
漫画	mànhuà	名	漫画	
动漫	dòngmàn	名	アニメーション	
上海	Shànghǎi	名	上海	
留学	liú//xué	動	留学する	
付	fù	動	支払う	
钱	qián	名	お金	
注意	zhù//yì	動	注意する	
一定	yídìng	副	必ず、きっと	
参加	cānjiā	動	参加する	
不用	búyòng	副	～しなくていい	
不要	búyào	副	～してはいけない	
开会	kāi//huì	動	会議をする	
迟到	chídào	動	遅刻する	

「～したい」「～すべきだ」、その動詞は願望？義務？

　助動詞は動詞の前に置いて、それらの動作を「したい」のか、「しなければいけないのか」などを表します。助動詞には複数の意味を持つものがあり、肯定形と否定形で異なる助動詞が使われる場合もあります。

① 我 想 穿 西装。

> 助動詞 "想" は動詞の前に置いて、その動作を「したい」という「願望」を表す。「いつか～してみたい」など、実現性の低いものにも使われる。

② 我 要 穿 西装。

> 助動詞 "要" は動詞の前に置いて、その動作を「するつもりだ」という「意思」を表す。「したい」という意味もあるが、"想" よりも強い意志や実現性の高い場合に使われることが多い。

③ 我 得 穿 西装。

> 助動詞 "得" は動詞の前に置いて、その動作を「しなくてはならない」という「義務」を表す。"得" は口語で使われる。

④ 我 应该 穿 西装。

> 助動詞 "应该" は動詞の前に置いて、その動作を道義的や常識的に「するべきだ」という「当然」の意味を表す。

　助動詞には複数の意味を持つものがあります。例えば "要" は「～するつもりだ」「～したい」のほか、「～しなければならない」や「～するはずだ」という意味を表します。こう書くとかなりややこしいイメージですが、いろいろなフレーズに触れることで自然と覚えていくので心配しないでくださいね。

⑤ A：
Nǐ xiǎng kàn mànhuà ma?
你 想 看 漫画 吗？
君は漫画が読みたい？

B：
Bù xiǎng, wǒ xiǎng kàn dòngmàn.
不 想，我 想 看 动漫。
ううん、僕はアニメが見たいな。

助動詞も"吗"疑問文が使える。否定する場合は動詞ではなく助動詞を否定する。なお、"想"を否定する「〜したくない」はそのまま"不想"を使う。

⑥
Nǐ xiǎng bu xiǎng qù Shànghǎi liúxué?
你 想 不 想 去 上海 留学？
あなたは上海へ留学に行きたいですか？

⑦
Wǒ yīng bu yīnggāi fù qián?
我 应 不 应该 付钱？
私はお金を払うべきでしょうか？

反復疑問文は動詞ではなく助動詞の肯定形、否定形を並べる。なお、"应该"は"应该不应该"でも良いが、前の"该"を省略して"应不应该"とすることが多い。

⑧
Wǒmen yào zhùyì shénme?
我们 要 注意 什么？
私たちは何に注意しなくてはなりませんか？

疑問詞疑問文の場合は語順を変えず、質問したい内容を疑問詞に置き換える。なお、ここでの"要"は「〜しなくてはならない」という意味になる。

⑨ A1：
Wǒ yídìng yào qù cānjiā ma?
我 一定 要 去 参加 吗？
私は参加しなくてはなりませんか？

A2：
Wǒ bù xiǎng qù cānjiā.
我 不 想 去 参加。
私は参加したくありません。

B1：
Nǐ búyòng qù cānjiā.
你 不用 去 参加。
あなたは参加する必要はありません。

B2：
Nǐ búyào qù cānjiā.
你 不要 去 参加。
あなたは参加してはいけません。

A1 の "一定要" は「必ず〜するべき」や「ぜひとも」という意味がある。
それに対して、ここでは "不想" "不用" "不要" を使った文を比較している。
「〜しなくていい」という否定形は "不要" ではなく "不用" であることに
注意。B2 の "不要" は「〜してはいけない」という禁止の表現になる。"得"
の否定も "不用"。なお、"不用" と "不要" は 1 単語扱いで副詞となる。

⑩
Zuótiān kāihuì, wǒ bù yīnggāi chídào.
昨天 开会，我 不 应该 迟到。
昨日の会議は遅刻するべきではなかった。

⑪
Míngtiān kāihuì, nǐ búyào chídào.
明天 开会，你 不要 迟到。
明日は会議だ、遅刻してはだめだぞ。

"应该" は「〜するべきだ」、"不应该" は「〜するべきでない」という意味で、
肯定形と否定形に同じ助動詞が使える。"不要" は⑨ B2 のように「〜して
はいけない」と禁止の意味を表す。

Step 10 助動詞② 能力、許可
"会／能／可以"＋動詞

Wǒ huì kāichē.
① 我 会 开车。
私は車が運転できます。

Wǒ néng kāichē.
② 我 能 开车。
私は車が運転できます。

Nàli kěyǐ kāichē qù.
③ 那里 可以 开车 去。
あそこは車で行くことができます。

◀)) 音声 069

会 huì 助動 ～できる、～のはずだ	米 mǐ 量 メートル
开车 kāi//chē 動 車を運転する	喝 hē 動 飲む
能 néng 助動 ～できる、～してよい	酒 jiǔ 名 酒
可以 kěyǐ 助動 ～できる、～してよい、～してごらん	水 shuǐ 名 水
	东西 dōngxi 名 物
打 dǎ 動 たたく、する	抽烟 chōu//yān 動 タバコを吸う
网球 wǎngqiú 名 テニス	都 dōu 副 すべて
踢 tī 動 蹴る	帮 bāng 動 手伝う
足球 zúqiú 名 サッカー	拿 ná 動 持つ
游 yóu 動 泳ぐ	一下 yíxià 数 ちょっと～する、わずかな時間

「できる」にはいろいろな種類がある ?!

　助動詞 "会" "能" "可以" は動詞の前に置いて、「〜できる」の意味を表します。ただ、それぞれに特徴があり、"会" は「練習や勉強などをしてできる」、"能" は「能力や条件が備わってできる」、"可以" は「許可を得てできる」などを表します。

① 我 会 开车。

助動詞 "会" は動詞の前に置いて、練習や勉強をした結果、その動作が「できる」などの意味を表す。ここでは車の運転を練習した結果、運転できる状態である。

② 我 能 开车。

助動詞 "能" は動詞の前に置いて、条件などが備わっているので「できる」の意味を表す。ここでは技能や免許があり、さらに現在「お酒を飲んでいない」「運転する時間がある」など条件が整って運転できる状態である。

③ 那里 可以 开车 去。

助動詞 "可以" は動詞の前に置いて、許可を得て「できる」などの意味を表す。ここでは「車を運転して行くことができる」という意味で、自家用車の乗り入れが許可されている状態である。

　助動詞には複数の意味を持つものがあり、"会" "能" "可以" も「できる」以外の意味があります。"会" は「〜のはずだ」という推測、"能" は「〜してもいい」という許可、"可以" は「〜すればいい」「〜してごらん」など相手にアドバイスする場合にも使います。許可の意味の "能" は、"可以" との言い換え可能な場合が多いです。

④ A：
Nǐ huì dǎ wǎngqiú ma?
你 会 打 网球 吗？
君はテニスができる？

B：
Bú huì,　wǒ huì tī zúqiú.
不 会，我 会 踢 足球。
できないよ、僕はサッカーができるんだ。

> 助動詞も "吗" 疑問文が使える。否定する場合は動詞ではなく助動詞を否定する。なお、テニスや野球、バレーボールなど、主に手を使うスポーツは基本的に動詞 "打" を使うが、サッカーは足で蹴るので "踢" を使う。

⑤
Nǐ néng bu néng yóu yìbǎi mǐ?
你 能 不 能 游 一百 米？
あなたは 100 メートル泳げますか？

> 反復疑問文は動詞ではなく助動詞の肯定形、否定形を並べる。「練習して泳げるようになった」場合は "会" を使うが、「100 メートル泳げる」などの場合は「そのレベルをクリアする条件が整っているかどうか」が問題となってくるので、"会" ではなく "能" を使う。

⑥
Jīntiān wǒ bù néng hē jiǔ.
今天 我 不 能 喝酒。
今日、私はお酒が飲めません。

⑦
Zhège shuǐ bù néng hē.
这个 水 不 能 喝。
この水は飲めません。

> ⑥の場合、話し手は本来酒が飲めるが、今日は「車で来ている」「医者に酒を止められている」などのように「酒を飲む条件が整っていなくて」飲めない。⑦はその水が「飲める質でない」ため、「飲む条件が整っていなくて」飲めないという意味。⑥の **今天** や⑦の **这个水** など、「時間」「主語」「前に置いた目的語」などの後は、軽くポーズを置くこともある。

Tā hěn néng hē jiǔ.
⑧ 他 很 能 喝酒。
彼は酒豪です。

Tā hěn huì mǎi dōngxi.
⑨ 她 很 会 买 东西。
彼女は買い物上手です。

"能" や "会" の前に "很" などの強調する副詞が入る場合、「とても得意だ」「とても上手だ」などの意味になる。これらは特に練習しなくてもできることなので、"很" を省略することも可能。なお、"东西" は "西" を軽声で発音すると「物」という意味になり、"买东西" で「買い物をする」となる。

Zhèli kě bu kěyǐ chōuyān?
⑩ 这里 可 不 可以 抽烟？
ここでタバコを吸うことはできますか？

Wǒ shénme shíhou dōu kěyǐ.
⑪ 我 什么 时候 都 可以。
私はいつでもいいですよ。

文末の "可以" の "以" は短く発音する場合が多い

⑩は「許可されているかどうか」を尋ねている。反復疑問文は前の "以" を省略し、"可不可以" とすることが多い。⑪の "都" は「すべて」という意味で、"都可以" で「すべて良い」「どれでも良い」となる。予定などを聞かれて「いつでもかまわない」と答える場合の表現。返事は "可以" のほか、「良いと思う」という意味の "行 xíng" でも良い。

Kěyǐ bāng wǒ ná yíxià ma?
⑫ 可以 帮 我 拿 一下 吗？
ちょっと持ってもらえますか？

"帮" は「手伝う」という意味で、"可以帮我…吗？" で「私を手伝って〜してくれますか？」という依頼文になる。"拿" は「手で持つ」、"一下" は動詞の後に置いて、「ちょっと〜する」という意味になる。返事は "可以" のほか、"行 xíng" でも良い。

Step 11 介詞① 場所、時間、方向
"在／离／从／跟／对" ＋名詞

Wǒ zài jùchǎng kàn jīngjù.
① 我 在 剧场 看 京剧。
私は劇場で京劇を見ます。

Jùchǎng lí zhèr hěn jìn.
② 剧场 离 这儿 很 近。
劇場はここから近いです。

Jīngjù cóng liǎng diǎn kāishǐ.
③ 京剧 从 两 点 开始。
京劇は2時から始まります。

Wǒ gēn tā yìqǐ qù.
④ 我 跟 他 一起 去。
私は彼と一緒に行きます。

Wǒ duì jīngjù hěn gǎn xìngqù.
⑤ 我 对 京剧 很 感 兴趣。
私は京劇に興味があります。

🔊 音声 071

在 zài 介 ～で	感兴趣 gǎn xìngqù 興味がある
剧场 jùchǎng 名 劇場	开门 kāi//mén 動 営業を始める
京剧 jīngjù 名 京劇	还 hái 副 まだ
离 lí 介 ～まで、～から	到 dào 動 到着する
近 jìn 形 近い	要 yào 動 (費用や時間が)かかる、欲しい
从 cóng 介 ～から	分钟 fēnzhōng 量 分、分間
开始 kāishǐ 動 開始する	学习 xuéxí 動 学ぶ、勉強する
跟 gēn 介 ～と	说 shuō 動 言う、話す
一起 yìqǐ 副 一緒に	商量 shāngliang 動 相談する
对 duì 介 ～について、～に対して	身体 shēntǐ 名 身体

「〜で」「〜から」、名詞にいろんな意味をつけよう！

　介詞は名詞の前に置き、場所、方向、時間、対象、目的などを表します。つまり、日本語の助詞や英語の前置詞に当たる働きをします。ここでは介詞のうち、「〜で」の "**在**"、「〜から」「〜まで」の "**离**"、「〜から」の "**从**"、「〜と」の "**跟**"、「〜について」の "**对**" について紹介します。

① 我 在 剧场 看 京剧。

介詞 "**在**" は名詞の前に置き、存在したり動作が行われたりする場所や時間を表す。ここでは "**在剧场**" で「劇場で」と「京劇を見る場所」について述べている。

② 剧场 离 这儿 很 近。

介詞 "**离**" は名詞の前に置き、「〜から」「〜まで」と空間的や時間的な２点間の隔たりを表す。ここでは "**剧场离这儿**" で「劇場はここから」と「劇場と自分がいる位置の距離」について述べている。

③ 京剧 从 两 点 开始。

介詞 "**从**" は名詞の前に置き、「〜から」と空間的や時間的な起点を表す。ここでは "**从两点开始**" で「２時から開始する」と「京劇の始まる時間」について述べている。

④ 我 跟 他 一起 去。

介詞 "**跟**" は名詞の前に置き、「〜と」と動作に関わる対象や比較する対象を表す。ここでは "**跟他**" で「彼と」と「動作を一緒に行う対象」について述べている。

⑤ 我 对 京剧 很 感 兴趣。

介詞 "**对**" は名詞の前に置き、「〜について」「〜にとって」「〜に対して」と受け手や対象を表す。

　介詞 "**跟**" は「〜と」の意味ですが、ほかにも「〜と」という意味を表す介詞に "**和**" があります。"**跟**" は並列のほか、「ついていく」というニュアンスもあるのですが、"**和**" は完全に並列です。

Wǒ xiǎng zài Zhōngguó gōngzuò.

⑥ 我 想 在 中国 工作。

私は中国で仕事がしたいです。

Cāntīng zài shí diǎn kāimén.

⑦ 餐厅 在 十 点 开门。

レストランは 10 時に開きます。

介詞 "在" は「〜で」という意味で、⑥は場所を、⑦は時間を特定している。
⑥は "在中国工作" が「中国で仕事をする」。⑦の "十点开门" は「10 時に
営業を開始する」という意味。⑦の "在" は省略可。

Lí kǎoshì hái yǒu yí ge xīngqī.

⑧ 离 考试 还 有 一 个 星期。

テストまで、あと 1 週間あります。

"离" は「〜まで」「〜から」という意味で、ここでは「テストまで 1 週間」
と現在からテストまでの時間的距離を表している。"还" は「まだ」という
意味。「〜から」の用法は②。

Cóng jiā dào gōngsī yào sānshí fēnzhōng.

⑨ 从 家 到 公司 要 三十 分钟。

家から会社まで 30 分かかります。

Háizi yīnggāi cóng jǐ suì kāishǐ xuéxí Yīngyǔ?

⑩ 孩子 应该 从 几 岁 开始 学习 英语？

子供は何歳から英語の勉強を始めるべきですか？

介詞 "从" は「〜から」という意味で、時間や場所の起点を表し、⑨は場所、
⑩は時間の特定な点を起点としている。⑨の "从 A 到 B" は「A から B まで」
という意味。"到" は「到着する」という意味の動詞で、直訳なら「A から
B へ到着するまで」。

Gēn tā shuōshuo, zěnmeyàng?

⑪ 跟 他 说说， 怎么样？

彼に話してみるのはどうですか？

Wǒ gēn tā shāngliang shāngliang.

⑫ 我 跟 他 商量 商量。

私は彼と相談してみます。

⑪⑫は「～と」「～に」という意味の "跟" が使われ、動作を共に行う対象を特定している。なお、⑪⑫とも、"说说" "商量商量" と動詞が繰り返されている。これを「動詞の重ね型」といい、その動詞を「ちょっとしてみる」「試してみる」というニュアンスになる。"说" のように1文字（1音節）の漢字の場合、後の文字は軽く読む。

Nǐ duì zúqiú gǎn xìngqù ma?

⑬ A：你 对 足球 感 兴趣 吗？

あなたはサッカーに興味がありますか？

Wǒ duì zúqiú bù gǎn xìngqù.

B：我 对 足球 不 感 兴趣。

私はサッカーに興味がありません。

⑬の "对" は「～に対して」と対象を表す介詞で、"对…感兴趣" で「～に興味がある」という意味になる。否定する際は "感兴趣" の前に "不" を置く。

Chōuyān hé hē jiǔ duì shēntǐ bù hǎo.

⑭ 抽烟 和喝 酒 对 身体 不 好。

喫煙と飲酒は身体に良くありません。

⑭の "对" は「～にとって」という意味で動作の及ぶ対象を表し、"对身体" で「身体にとって」という意味になる。

発音

基礎知識

文法

資料

Step 12

介詞② 対象、目的
"往／向／给／为／替" ＋名詞

Wǎng lājītǒng rēng lājī.
① 往 垃圾桶 扔 垃圾。
ごみ箱にごみを捨てる。

Xiàng lājītǒng rēng lājī.
② 向 垃圾桶 扔 垃圾。
ごみ箱にごみを投げ捨てる。

Wǒ gěi nǐ dào bēi chá.
③ 我 给 你 倒 杯 茶。
あなたにお茶を注いであげます。

Wǒ wèi nǐ dào bēi chá.
④ 我 为 你 倒 杯 茶。
あなたのためにお茶を注ぎます。

Wǒ tì nǐ dào bēi chá.
⑤ 我 替 你 倒 杯 茶。
あなたに代わってお茶を注ぎます。

🔊 音声 073

往	wǎng	介	〜に向かって	
垃圾	lājī	名	ごみ	
扔	rēng	動	投げる、捨てる	
垃圾桶	lājītǒng	名	ごみ箱	
向	xiàng	介	〜に向かって	
倒	dào	動	逆さにする、注ぐ、中身をあける	
茶	chá	名	茶	
给	gěi	介	〜に、〜のために	
为	wèi	介	〜のために	
替	tì	介	〜に代わって、〜のために	
红绿灯	hónglǜdēng	名	信号	

拐	guǎi	動	曲がる
目标	mùbiāo	名	目標
努力	nǔ/lì	動	努力する
挥	huī	動	振る
手	shǒu	名	手
电话	diànhuà	名	電話
大家	dàjiā	代	みんな
健康	jiànkāng	形	健康である
干杯	gān//bēi	動	乾杯する
问好	wèn//hǎo	動	ご機嫌を伺う、よろしく言う

介詞によって守備範囲はいろいろ

　ここでは介詞のうち、「～へ向かって」の "往" と "向"、「～に」「～のために」の "给"、「～のために」の "为"、「～に代わって」「～のために」の "替" を紹介します。場合によって置き換えのできるとき、できないときがあります。

① 往 垃圾桶 扔 垃圾。

> 介詞 "往" は名詞の前に置き、「～に向かって」と動作の向かう方向や到達点を表す。近い対象に使う。

② 向 垃圾桶 扔 垃圾。

> 介詞 "向" は名詞の前に置き、「～に向かって」と動作の向かう方向を表す。"往" よりも離れた対象に使う。また、抽象的な対象や人にも使える。

③ 我 给 你 倒 杯 茶。

> 介詞 "给" は名詞の前に置き、「～に」「～のために」と動作の受益者（されたりしてもらったりする対象）を表す。"杯" は量詞。

④ 我 为 你 倒 杯 茶。

> 介詞 "为" は名詞の前に置き、「～のために」と動作の受益者や動作の目的を表す。"为了 wèile" とするときもある。

⑤ 我 替 你 倒 杯 茶。

> 介詞 "替" は名詞の前に置き、「～の代わりに」「～のために」と動作の受益者を表す。

　介詞の多くは本来が動詞で、その意味が弱まって文法的な働きをするようになったものです。そのため、例えば "在" は動詞「ある、いる」と介詞「～で」、"给" は動詞「あげる」と介詞「～のために」など、両方の働きをするものが数多くあります。語順や他の動詞の有無などで役割を見極めましょう。

発音

基礎知識

文法

資料

Qǐng zài xià yí ge hónglǜdēng wǎng yòu guǎi.
⑥ 请 在 下 一 个 红绿灯 往 右 拐。
次の信号で右に曲がってください。

Qǐng zài xià yí ge hónglǜdēng xiàng yòu guǎi.
⑦ 请 在 下 一 个 红绿灯 向 右 拐。
次の信号で右に曲がってください。

> 文が長ければ、
> 介詞でポーズを
> 置いても可

介詞 "往" と "向" はどちらも「～に向かって」で動作の方向を表すので、"往／向右拐" で「右に向かって曲がる」となる。"在" は「～で」と場所(p.136参照)を、"下" は時間や空間的な先を表すので、ここでは「次」という意味。

Nǐ yào xiàng mùbiāo nǔlì.
⑧ 你 要 向 目标 努力。
君は目標に向かって努力しなければなりません。

Tā xiàng wǒ huī shǒu.
⑨ 他 向 我 挥 手。
彼は私に向かって手を振った。

"向" は⑧の「目標」など抽象的な対象や、⑨の人にも使える。さらに "向" は「努力する」「手を振る」のように主語自体が移動しない場合に使われることも多い。"往" にはこのような使い方はない。

Wǒ kěyǐ gěi nín dǎ diànhuà ma?
⑩ 我 可以 给 您 打 电话 吗？
あなたに電話をしてもよろしいでしょうか？

介詞 "给" は「～に」「～のために」という意味で、ここでは電話を受ける相手を導いている。この文自体は "可以…吗？"（～してもいいですか？）の文型(p.135 参照)。「電話をかける」の動詞は "打"。

Wèi dàjiā de jiànkāng, gānbēi!

⑪ 为 大家 的 健康, 干杯！

皆様のご健康に、乾杯！

Rén wèi shénme yào nǔlì gōngzuò?

⑫ 人 为 什么 要 努力 工作?

人は何のために努力して仕事をしなければいけないんだろう？

"为" は「〜のために」という意味で、⑪は受益者、⑫は理由を導いている。⑪は「皆の健康のために乾杯する」という意味。⑫の "为什么" は「なぜ」「どうして」と理由や原因を尋ねる（p.84 参照）が、構造は "什么" が「何」なので、"为什么" で「何のために」。"要" は「〜する必要がある」「〜しなければならない」の意味。

Nǐ néng tì wǒ jiē háizi ma?

⑬ 你 能 替 我 接 孩子 吗?

私の代わりに子供を迎えに行ってもらえる？

⑬ "替" は「〜の代わりに」という意味で、ここでは "替我" なので「受益者」は「私」である。文自体は "能…吗?" で、⑩と同じく助動詞を使った疑問文になっている。

Qǐng tì wǒ xiàng dàjiā wènhǎo.

⑭ 请 替 我 向 大家 问好。

皆さんによろしくお伝えください。

ここでは "替" と "向" の二つが使われている。"替我" で「私の代わりに」、"向大家" で「皆に向かって」、"向…问好" で「〜によろしく伝える」なので、直訳すると「私の代わりに皆さんに向かってご機嫌を伺ってください」となる。

練習問題 04

1. 次の中国語を正しく並べ替えましょう。

(1) 君に一つあげるよ。

给　　个　　你　　我　　一

_____　。

(2) 彼は上海へ行って会議に参加する。　　　　　　会议 huìyì：会議

参加　　会议　　他　　上海　　去

_____　。

(3) 彼女は本屋へ辞書を買いにいく。　　　　　书店 shūdiàn：書店、本屋

去　　词典　　书店　　买　　她

_____　。

(4) 私はレストランで食事をします。

在　　吃饭　　我　　餐厅

_____　。

(5) 彼女は中国語と英語が話せる。

汉语　　会　　英语　　她　　和　　说

_____　。

2. 日本語に合うように、正しい助動詞を入れて文を完成させましょう。

（1）ここでタバコを吸うことはできません。

　　　这儿不＿＿＿＿＿＿＿＿抽烟。

（2）お見送りいただかなくても結構ですよ。

　　　你不＿＿＿＿＿＿＿＿送我了。

（3）車内で電話をかけないでください。

　　　请不＿＿＿＿＿＿＿＿在车上打电话。

（4）彼はまだあまり日本語が話せない。

　　　他还不太＿＿＿＿＿＿＿＿说日语。

（5）社長と相談してみるべきです。

　　　你＿＿＿＿＿＿＿＿跟老板商量商量。

3. 次の中国語を日本語に訳しましょう。

（1）我想问一下。

_____ 。

（2）你来我家喝杯茶吧。

_____ 。

（3）请在第二条路往左拐。　　　　　　　　　　路 lù：道、通り

_____ 。

（4）便利店离我们公司很近。

_____ 。

（5）从东京到北京坐飞机要四个小时。

_____ 。

中国語で話してみよう！

　中国語を少しずつ覚えていくと、実際に通じるのか試してみたくなりますが、いきなり中国の人に話しかけるのは勇気が要りますよね。もちろん、中国人の友達がいればいいのですが、そうでなくても大丈夫、当然のことながら、日本には多くの中国語圏出身者が暮らし、また観光客として訪れています。彼らと交流する機会について考えてみましょう。

　まず、一番手っ取り早いのは、中華料理店で試してみることです。最初は入店時に"**你好！**"と挨拶したり、料理が運ばれてきたときに"**谢谢！**"と言ったりするだけで十分です。相手に顔を覚えてもらい気持ちに余裕が出てくると、メニューを指しながら注文してみましょう。料理名が難しければ"**我要这个**（私はこれが欲しいです）"と言うか、料理名に振ってある番号（中国のメニューには番号の振られている場合が多い）を伝えればOKです。お店が忙しそうでなければ、もう少し話してみてください。"**今天很热**（今日は暑いですね）"や"**这个菜非常好吃**（この料理、すごくおいしいです）"など、言いたいフレーズを事前に準備しておくのもいいですね。店員さんの答えが聞き取れなければ、"**请再说一边**（もう一度、言ってください）"と再チャレンジするのもいいですし、「もう無理！」と思ったら日本語に切り替えてもかまいません。顔馴染みになれば、"**你来日本几年了**（日本に来て何年になるんですか）？"と相手のことを聞いてみてもいいかもしれません。中華料理店のメリットは、話しかける理由があること、同じ人と繰り返し話せること、途中で日本語に切り替えられることです。ただ、あくまでも迷惑にならないように、お店の状況に十分配慮してくださいね。

　さて、少し自信がついてくると、中国人との交流サイトや交流会などに参加してみるのも良いでしょう。何度か参加して気の合う人が見つかると、そこから友達が増えていきます。

　また、観光客の増加で、中国語圏の人たちがあなたのお客となることもあるかもしれません。あなたが店員や受付などの立場であれば、挨拶言葉だけでも中国語を使ってみましょう。さらに尋ねられることがだいたい分かっているのなら、例えば商品の写真や中国語の説明を入れた指差し表を用意しておくと、意思疎通がスムーズになり慌てなくて済みますね。だんだん慣れてくると、言葉で説明できるようになっていきます。

　いずれにしても、中国語は少し話せるだけで喜んでもらえることが多く、それが学習のモチベーションにもなります。最初はうまくいかなくて当然、良い出会いを経験するため、少しだけ積極的になってみましょう。

Step 13 進行、持続
"在"＋動詞　動詞＋"着"

Wǒ zài tīng yīnyuè.
① 我 在 听 音乐。
私は音楽を聴いているところです。

Tā chàngzhe gē.
② 他 唱着 歌。
彼は歌を歌っています。

Bǎihuò shāngdiàn kāizhe.
③ 百货 商店 开着。
デパートは開いている。

"百货商场 bǎihuò shāngchǎng"
ともいう

在 zài 副 ～している	吉他 jítā 名 ギター
听 tīng 動 聞く、聴く	饭 fàn 名 ご飯、食事
音乐 yīnyuè 名 音楽	没有 méiyǒu 副 ～していない
唱 chàng 動 歌う	打扫 dǎsǎo 動 掃除する
着 zhe 助 ～している、～してある	没 méi 副 ～していない
歌 gē 名 歌	等 děng 動 待つ
百货商店 bǎihuò shāngdiàn 名 デパート	笑 xiào 動 笑う
开 kāi 動 開く、(スイッチを)入れる、操作する	说话 shuō//huà 動 話す
做 zuò 動 ～する、作る	空调 kōngtiáo 名 エアコン
呢 ne 助 ～は?、～している	门口 ménkǒu 名 入口
弹 tán 動 はじく、弾く	

「～している」の「進行」と「持続」は相性ぴったり！

　「～している」には「それが行われている」という意味の「進行」と、「それが続いている」という意味の「持続」があります。進行は動作の前に “**在**”、持続は動作の後に “**着**” をつけることで表現できます。さらに「～しているよ」という意味の “**呢**” も一緒に使えます。

① 我 在 听 音乐。

「“**在**”＋動詞」の形で「～しているところ」という「進行」を表す。ここでは “**在听**” で「聴いているところ」と「聴く」状態が「進行している」ことを表す。“**在**” は副詞で、それ以外に “**正在**” や “**正**” も進行を表す副詞である。

② 他 唱着 歌。

「動詞＋ “**着**”」の形で「～している」という「持続」を表す。ここでは “**唱着**” で「歌っている」と「歌う」状態が「持続」していることを表す。

③ 百货 商店 开着。

②と同様「～している」という意味だが、②が「現在も歌っている」のに対して “**开着**” は「オープンして、現在もその状態が続いている」という意味になる。

　“**着**” には「机の上に鞄が置いてある」「壁に絵が掛けてある」というような「～してある」という意味もあります。これらの表現も「持続」を表し、「存現文」と呼ばれます。存現文は Step17 で紹介します。

Nǐ zài zuò shénme ne?

④ A：你 在 做 什么 呢?

君は何をしているの？

Wǒ zài tán jítā ne.

B：我 在 弹 吉他 呢。

僕はギターを弾いているところだよ。

A、Bとも "在…呢" の形になっているが、"在" または "呢" のみでも進行を表すことができる。つまり、A なら "你做什么呢？" でも同じ意味となる。"弹" は「(指先で)はじく」や楽器を「弾く」という意味で、「ピアノを弾く」は "弹钢琴 tán gāngqín" となる。

Māma zài zuò fàn ma?

⑤ A：妈妈 在 做 饭 吗?

お母さんはご飯を作っているの？

Méiyǒu, tā zài dǎsǎo fángjiān.

B：没有, 她 在 打扫 房间。

ううん、お母さんは部屋を掃除しているよ。

進行の "在" は "没有" や "没" で否定する。否定文の場合、"呢" は使わず、"在" は入れても入れなくてもよい。肯定する場合は「そうです」という意味の "对 duì" で答える。

Māma zuò méi zuòzhe fàn?

⑥ 妈妈 做 没 做着 饭?

お母さんはご飯を作っていますか？

持続の "着" も "没有" や "没" で否定する。反復疑問文の場合、"做没做着" のように "着" は後の動詞につける。否定文の場合、"妈妈没做着饭" となるが、使うことは少ない。なお、⑥に対する答え方としては、"没有""没做着""妈妈没做着饭" などがある。

Tā zuòzhe děng bàba.
⑦ 他 坐着 等 爸爸。
彼は座ってお父さんを待っています。

Tā xiàozhe gēn háizi shuōhuà.
⑧ 他 笑着 跟 孩子 说话。
彼は笑顔で子供と話をしています。

「動詞1＋"着"＋動詞2」で「動詞1をした状態で動詞2をする」という意味になる。⑦は"坐着等"なので「座った状態で待つ」から「座って待つ」、⑧は"笑着说话"なので「笑った状態で話をする」から「笑顔で話す」となる。"跟"は「〜と」の意味(p.136参照)。

Kōngtiáo hái kāizhe ne.
⑨ 空调 还 开着 呢。
エアコンはまだついていますよ。

"还"は「まだ」の意味

Wǒ zài ménkǒu děngzhe.
⑩ 我 在 门口 等着。
私は入口で待っていますよ。

⑨の"着"は「動作をしてその状態が持続している」という意味。"开"は「機械などの電源を入れる、操作する」という意味なので、「エアコンの電源をオン」にしてその状態が続いている。⑩の"等着"は「待ち続けている」という意味で、待ち合わせの連絡などに使える。

Tā zài kànzhe diànshì ne.
⑪ 她 在 看着 电视 呢。
彼女はテレビを見ているところです。

「進行」と「持続」は相性がよく、"在""着""呢"を同時に使うこともできる。ただし使用頻度は低い。

Step 14 完了、変化
動詞句／形容詞句＋"了"　　動詞＋"了"

Tā dāng yīshēng le.
① 他 当 医生 了。
彼は医者になったよ。

Lǐ nǚshì qù Fǎguó le.
② 李 女士 去 法国 了。
李さんはフランスへ行きました。

Wǒ yǒu shì, xiān zǒu le.
③ 我 有 事，先 走 了。
私は用事があるので、先に出ます。

Míngtiān wǒ bú qù le.
④ 明天 我 不 去 了。
明日、私は行かないことにしました。

当 dāng 動 ～になる、担当する
医生 yīshēng 名 医者
了 le 助 変化、発生、近い意志、完了などを表す
女士 nǚshì 名 ～さん（女性に使う）
法国 Fǎguó 名 フランス
先 xiān 副 まず、先に
走 zǒu 動 歩く、離れる、出発する
已经 yǐjīng 副 すでに、もう
饭馆儿 fànguǎnr 名 飲食店、レストラン
中国菜 Zhōngguócài 名 中華料理

咖啡 kāfēi 名 コーヒー
就 jiù 副 すぐに、もうすぐ
上班 shàng//bān 動 出勤する、勤務する
下班 xià//bān 動 仕事が終わる
电影 diànyǐng 名 映画
香港 Xiānggǎng 名 香港
住 zhù 動 泊まる、住む
别 bié 副 ～するな
再 zài 副 さらに、また、もっと

"了" は「過去形」じゃない ?!

　"了" には文末に置いて変化、発生、近い将来の意思を表すもの(語気助詞)と、動詞の直後に置いて完了を表すもの (アスペクト助詞) があります。"了" は「〜した」と訳すことが多く「過去」と思いがちですが、そうとは限りません。順番に見ていきましょう。

① 他 当 医生 了。

> 文末の "了" はここでは「変化」を表す。つまり、前は医者でなかった「彼」が、「医者になった」という意味になる。"当…" は話し言葉で「〜になる」。

② 李 女士 去 法国 了。

> ②も「フランスへ行った」と状況が変化したことを表す。以前と状況が変わって「フランスへ行った」ので、李さんは現在フランスにいて、帰ってきていない。

③ 我 有 事，先 走 了。

> ③の "先走了" は「先に出る」という意思を表す。さらには「そろそろ先に出なくてはいけない時間になった」という状況の変化の意味も含む。

④ 明天 我 不 去 了。

> ③と同様、近い将来の意思を表す。文脈によっては「行くつもり」だったが「行かないことにした」という変化が含まれる場合もある。"不…了" は「〜しないことにする／した」という意味。④から、中国語の "了" や日本語の「〜した」が過去とは限らないことが分かる。

　否定を表す副詞には "不" と "没 (有)" がありますが、その違いを見てみましょう。"不" は主観的で「〜しない」と意思や習慣などの否定に使います。"没(有)"は客観的で「〜していない」「〜しなかった」「〜したことがない」と、「そのことが起こらなかった」「経験がない」などに使います。つまり "我不去" は「行かない」、"我没去" は「行かなかった」の意味です。

Chīfàn le ma?

⑤ A：吃饭 了 吗？

ご飯、食べた？

Wǒ yǐjīng chī le, nǐ ne?

B：我 已经 吃 了，你 呢？

もう食べたよ、君は？

"吃饭了吗？"で「すでに食事をしたかどうか」を聞いている。"已经…了"は「すでに～した」という意味。なお、"你呢？"はすでに話題にした件について、「あなたは？」と質問する場合に使う。

Nǐ chīfàn le méiyǒu?

⑥ A：你 吃饭 了 没有？

あなたはご飯を食べた？

Hái méi chī, zánmen yìqǐ qù fànguǎnr ba.

B：还 没 吃， 咱们 一起 去 饭馆儿 吧。

まだ食べてない。一緒にレストランへ行こうよ。

肯定形と否定形を並べる反復疑問文は "…没有？" と文末に否定を置くこともできる。「そのことが発生したかどうか」を答えるので、否定は "没（有）"。なお、"一起…吧" は「一緒に～しよう」という誘い文句。"咱们" は「話し手を含む私たち」の場合にのみ使える。もちろん "我们" としてもかまわない。

Wǒ xiǎng chī Zhōngguócài le.

⑦ 我 想 吃 中国菜 了。

私は中華料理が食べたくなった。

"想…了" で「～したくなった」と「気が変わった」や「そういう気持ちが生まれた」という場合に使う。"菜" は「料理」や「おかず」の意味。

Wǒ hēle yì bēi kāfēi.

⑧ 我 喝了 一 杯 咖啡。

私はコーヒーを1杯飲んだ。

Wǒ hēle kāfēi, jiù qù shàngbān.

⑨ 我 喝了 咖啡, 就 去 上班。

私はコーヒーを飲んだら、すぐ出勤する。

Wǒ xiàle bān, qù kàn diànyǐng le.

⑩ 我 下了 班, 去 看 电影 了。

私は会社が終わってから、映画を見に行った。

⑧と⑨を比較し、⑧に "一杯" があることに注目。"喝了咖啡" と目的語に修飾などがなく単独の場合だと「コーヒーを飲んだら」というように文が中途半端となるので、終わらせるためには数量詞や修飾語が必要となる。⑨は未来、⑩は過去のことを述べている。なお、"下班" は離合詞（p.125 参照）なので、間に "了" を挟むことができる。

Wǒ zài Xiānggǎng zhùle liǎng nián.

⑪ 我 在 香港 住了 两 年。

私は香港に2年住んでいた。

Wǒ zài Xiānggǎng zhùle liǎng nián le.

⑫ 我 在 香港 住了 两 年 了。

私は香港に2年住んでいる。

⑪は⑧と同じで「住んでいた」のは過去になるが、⑫は "两年了" で「2年になった」、つまり「今も住んでいる」という意味。

Hǎo le, nǐ bié zài shuō le.

⑬ 好 了, 你 别 再 说 了。

わかったよ、もうこれ以上言わないで。

"别" は "不要" と同様、禁止を表す。"再" は「さらに」「また」で、"别再…了" は「これ以上〜するな」。ここでの "好了" は「もう十分だ」という意味。2つの "了" はどちらも変化を表している。

発音

基礎知識

文法

資料

Step 15 経験
動詞＋"过"

Wǒ qùguo Zhōngguó.
① 我 去过 中国。
私は中国に行ったことがあります。

Wǒ qùguo liǎng cì Zhōngguó.
② 我 去过 两 次 中国。
私は中国に2回行ったことがあります。

Wǒ qùguo hǎo jǐ cì Zhōngguó.
③ 我 去过 好 几 次 中国。
私は中国に何度も行ったことがあります。

Wǒ méi qùguo Zhōngguó.
④ 我 没 去过 中国。
私は中国に行ったことがありません。

🔊 音声 079

过 guo 助 ～したことがある	宠物 chǒngwù 名 ペット
次 cì 量 動作や回数を数える	小时候 xiǎoshíhou 名 小さいころ
小说 xiǎoshuō 名 小説	玩儿 wánr 動 遊ぶ
只 zhǐ 副 ただ、～だけ	游戏 yóuxì 名 ゲーム
遍 biàn 量 一通りの動作を数える	学 xué 動 学ぶ
曾经 céngjīng 副 かつて、以前に	中文 Zhōngwén 名 中国語
养 yǎng 動 養う、飼う	见 jiàn 動 会う、見る
狗 gǒu 名 イヌ	医院 yīyuàn 名 病院
猫 māo 名 ネコ	查 chá 動 調べる
从来 cónglái 副 これまで	没 méi 動 ない、いない

"过" で「経験」を話そう！

　「〜したことがある」という「経験」の表現は、動詞の後に "过" をつけることで表せます。「経験」を述べるには「〜回〜した」というように「動作の回数」も頻出の表現です。合わせて見ていきましょう。

①　我 去过 中国。

「動詞 + "过"」の形で「〜したことがある」という「経験」を表す。ここでは "去过" で「行ったことがある」になる。

②　我 去过 两 次 中国。

"去过" の後に回数を表す "两次" が続いて、「2 回行ったことがある」という意味を表す。"次" は「〜回」と動作を数える量詞。

③　我 去过 好 几 次 中国。

"去过" の後の回数が "好几次" になっている。"几" は「不特定の数」、その前の "好" はここでは「良い」ではなく「数量が多い」という意味なので、"好几次" で「何度も」という意味。

④　我 没 去过 中国。

経験は "没有" や "没" で否定し、「〜したことがない」という意味になる。否定文でも "过" が残ることに注意。

　"过" と "了" はどちらも動詞の後につきますが、ここで文法的な違いに注目してみましょう。"了" は過去、現在、未来のすべての段階に使えますが、"过" は過去にしか使えません。また、"没" で否定する際に "了" は消えますが、"过" は残ります。なお、「経験」の "过" と "了" は同時に使いませんが、⑫⑬は "过了" が使われていて、これは「終結」を表します。

Nǐ kàn méi kànguo zhè běn xiǎoshuō?

⑤ A：你 看 没 看过 这 本 小说？

あなたはこの小説を読んだことがありますか？

Zhè běn xiǎoshuō, wǒ zhǐ kànguo yí biàn.

B：这 本 小说，我 只 看过 一 遍。

この小説は一度だけ読みました。

反復疑問文の場合、"过" は後の動詞だけにつけてもかまわない。B は目的語の "这本小说" を前に出していて、この語順もしばしば見られる。量詞 "遍" は「最初から最後まで行った」場合に使い、ここでは「小説を最初から最後まで読んだ」という意味。"只" は「〜だけ」。

Wǒ céngjīng yǎngguo gǒu, méi yǎngguo māo.

⑥ 我 曾经 养过 狗，没 养过 猫。

僕は前にイヌを飼ったことがあって、ネコを飼ったことはない。

Wǒ cónglái méiyǒu yǎngguo chǒngwù.

⑦ 我 从来 没有 养过 宠物。

僕はこれまでペットを飼ったことがない。

第1声、第2声、第3声の後に続く "过" は、本来の第4声が若干残る

⑥の "曾经" は「かつて」という意味。"养过" "没养过" と肯定形でも否定形でも "过" がつく。⑦の "从来" は「これまで」という意味で、"从来没…过" は「これまで〜したことがない」と否定を強調する表現。

Xiǎoshíhou nǐ wánrguo nǎxiē yóuxì?

⑧ 小时候 你 玩儿过 哪些 游戏？

小さいころ、どんなゲームで遊んでいましたか？

年齢の上下には "大小" を使うので "小时候" は「小さいころ」「子供のころ」という意味。"玩儿" は「遊ぶ」、"游戏" は「ゲーム全般」を指す。"哪些" は「どれ」の複数形で、複数回答を想定している。

Wǒ qù Zhōngguó xuéguo Zhōngwén.
⑨ 我 去 中国 | 学过 中文。

> "汉语"も「中国語」の意味

私は中国で中国語を学んだことがある。

Wǒ méi qù Zhōngguó xuéguo Zhōngwén.
⑩ 我 没 去 中国 | 学过 中文。

私は中国で中国語を学んだことはない。

> 動詞が2つ出てくる連動文（Step08 参照）の場合、"过" は「動詞1＋動詞2＋"过"」と動詞2の後に、"没" は「"没"＋動詞1＋動詞2」と動詞1の前につける。「動詞1」と「動詞2」をまとめて一つの動詞のようにイメージすると分かりやすい。

Wǒ jiànguo tā yí cì.
⑪ 我 见过 他 一 次。

私は彼に一度会ったことがあります。

> 目的語が "他" のように代詞の場合は "他一次" と「目的語＋回数」の語順になる。目的語が一般名詞の場合は「回数＋目的語」の順。人名や地名の場合はどちらの順番でもかまわない。

Zhè jiàn shì, wǒ yǐjīng gēn tā shuōguo le.
⑫ 这 件 事， 我 已经 跟 他 说过 了。

この件を私はもう彼に話しました。

Yéye qù yīyuàn cháguo le, méi wèntí.
⑬ 爷爷 去 医院 查过 了， 没 问题。

祖父は病院で検査をし、問題はなかった。

> ⑫⑬は「経験」ではなく「終結」の "过" で、その動作が「完全に終わった」という意味。語順は「動詞＋"过了"」となる。なお、「経験」の "过" は "了" と一緒に使わない。"没问题" は「問題ない」「大丈夫」という意味の決まり文句。

Step 16 | 将然
"要…了""快…了""快要…了""就要…了"

Tiān yào hēi le.
① 天 要 黑 了。
もうすぐ日が暮れます。

Kuài jiǔ diǎn le.
② 快 九 点 了。
もうすぐ9時になります。

Chūntiān kuàiyào dào le.
③ 春天 快要 到 了。
もうすぐ春になります。

Míngtiān zhàngfu jiù yào huíguó le.
④ 明天 丈夫 就要 回国 了。
明日、夫は帰国します。

🔊 音声 081

天	tiān	名	空、天空	
黑	hēi	形	黒い、暗い	
快	kuài	副	まもなく、もうすぐ	
春天	chūntiān	名	春	
快要	kuàiyào	副	まもなく、もうすぐ	
丈夫	zhàngfu	名	夫	
就要	jiù yào	副	まもなく、もうすぐ	
回国	huí//guó	動	帰国する	
快	kuài	形	早い、速い	
毕业	bì//yè	動	卒業する	

会议	huìyì	名	会議	
结束	jiéshù	動	終わる	
对	duì	形	正しい、その通りである	
马上	mǎshàng	副	すぐに、早速	
电	diàn	名	電気	
放	fàng	動	放す、置く、休みになる	
暑假	shǔjià	名	夏休み	
结婚	jié//hūn	動	結婚する	
过	guò	動	過ぎる、経過する、過ごす	

「もうすぐ～する」、何が挟めるか、何と一緒に使えるか？

　「もうすぐ～する」と近い未来（将然）を表す表現には、“要…了”“快…了”“快要…了”“就要…了”といくつもの表現があります。入れ替えて使える場合もありますが、それぞれに特徴があるので、比較しながら覚えましょう。ここでは触れませんが、ほかに書き言葉の“将要…了”もあります。

① 天 要 黒 了。

“要…了”は間に動詞（句）や形容詞（句）を挟み、「もうすぐ～する」という意味になる。緊急性は低い。ここでは形容詞を挟んでいる。なお、ここでの“黒”は「黒」ではなく「暗い」で、“要黒了”は「もうすぐ暗くなる」。“天”は「空」の意味。

② 快 九 点 了。

“快…了”は間に動詞（句）や形容詞（句）のほか、時間や数量などを挟むことができ、「もうすぐ～する」という意味になる。ここでは“九点”と時間を挟んでいる。

③ 春天 快要 到 了。

“快要…了”は間に動詞（句）や形容詞（句）を挟むが、時間や数量などは挟めない。ここでは“春天”が主語、“快要到了”は「もうすぐやって来る」なので、「もうすぐ春になる」の意味。“我快要到了”なら「もうすぐ着きます」という意味になる。

④ 明天 丈夫 就 要 回国 了。

“就要…了”は間に動詞（句）や形容詞（句）を挟み、このなかで最も切迫した表現。さらに具体的な時間や時間を表す副詞と一緒に使うことができる。ここでは“明天”と具体的な時間が使われているので“就要…了”を使う。

> 　近い未来を表す“了”は「（今の状態から変わって）～になる」と状況の変化を表します。例文を見ていくと、“了”＝「過去」ではないと分かりますね（p.171 参照）。Step13以降の「もうすぐ～する」「～しているところ」「～した」「～したことがある」などはすべて動作の発生段階を表していて、その段階を「アスペクト」と呼びます。

Kuài zǒu ba,　yào shàngkè le.
⑤ 快 走 吧，要 上课 了。
早く行こうよ、もうすぐ授業が始まるよ。

"快…了" の "快" は副詞だが、"快走吧" の "快" は形容詞で「早い」や「速い」の意味。"上课" は「授業に出る」「授業をする」の両方の意味がある。

Tā kuàiyào bìyè le.
⑥ 他 快要 毕业 了。
彼はもうすぐ卒業する。

Tā kuài shíbā suì le.
⑦ 他 快 十八 岁 了。
彼はもうすぐ18歳になる。

⑥は "快要…了" の間に「卒業する」という意味の動詞 "毕业" を挟んでいる。このフレーズに "明天" などの具体的な時間を加える場合は "就要…了" を使う。⑦の "快…了" は間に時間や数量などを挟むことができる。"快要…了" は使えないので注意。

Huìyì jiù yào jiéshù le ma?
⑧ A：会议 就 要 结束 了 吗？
会議はもうすぐ終わりますか？

Duì, mǎshàng jiù yào jiéshù le.
B：对，马上 就 要 结束 了。
はい、会議はまもなく終わります。

将然に否定形はない。そのため、"吗" 疑問文は使えるが、肯定形と否定形を並べる "就要不就要" のような表現はない。反復疑問文を使いたい場合は、前に "是不是" を置く必要がある。Bの "对" は「正しい」「その通り」という意味。"马上" は時間を表す副詞で、"就要…了" と同時に使える。

Wǒ de shǒujī kuài méi diàn le.
⑨ 我 的 手机 快 没 电 了。
私の携帯電話はもうすぐ充電が切れます。

"快没…了" で「もうすぐ～がなくなる」という意味。"**没电**" は「電気がなくなる」から「充電の残量がなくなる」。"**快没时间了**" であれば「もうすぐ時間がなくなる」から「もうあまり時間がない」「もうすぐ時間切れだ」などの意味になる。

Míngtiān jiù yào fàng shǔjià le.
⑩ 明天 就 要 放 暑假 了。
明日からもう夏休みだ。

ここでは"**明天**"と具体的な時間が加わるので、"**就要…了**"を使う。"**放**"は「置く」や「休みになる」という意味の動詞、"**放暑假**"で「夏休みになる」。中国は基本的に2学期制で、「冬休み」は "**寒假 hánjià**"。

Wǒmen jiéhūn kuài shí nián le.
⑪ 我们 结婚 快 十 年 了。
私たちは結婚してもうすぐ10年になります。

"**快…了**" は時間を挟むことができ、"**快十年了**" で「もうすぐ10年になる」となる。

Zài guò jǐ tiān, jiù yào kǎoshì le.
⑫ 再 过 几 天, 就 要 考试 了。
あと数日したら、もうテストだ。

"**要**" は「もし～なら～」、"**就要**" は「～したら、すぐ～」と接続の意味があるので、"要…了" "**就要…了**" は二つの文をつなげる役割も担う。"**再过**" の "**再**" は「さらに」、"**过**" はここでは動詞で「過ぎる」の意味なので、"**再过几天**" で「あと数日経つ」となる。ここでは "**就要…了**" を使って、"**再过几天**" と "**考试**" を接続している。

Step 17 存現文
場所＋出現・消失に関する動詞＋人・物

Wàimiàn guāzhe fēng.
① 外面 刮着 风。
外は風が吹いている。

Zhuōzi shang fàngzhe yí fèn zīliào.
② 桌子 上 放着 一 份 资料。
机の上に資料が1部置いてある。

> 「～の上」の"上"は軽声だが、第4声が若干残る

Qiánmiàn láile yí liàng gōngjiāochē.
③ 前面 来了 一 辆 公交车。
前からバスが1台やって来た。

Xiàyǔ le.
④ 下雨 了。
雨が降ってきた。

🔊 音声 083

刮风 guā//fēng 動 風が吹く
桌子 zhuōzi 名 机、テーブル
份 fèn 量 部、分けた物やセットになった物を数える
资料 zīliào 名 資料
辆 liàng 量 自転車や車などを数える
公交车 gōngjiāochē 名 バス
下雨 xià//yǔ 動 雨が降る
墙 qiáng 名 壁、塀
贴 tiē 動 貼る、くっつける
地图 dìtú 名 地図

椅子 yǐzi 名 椅子
最近 zuìjìn 名 最近
新 xīn 形 新しい
家 jiā 量 件、店や会社を数える
超市 chāoshì 名 スーパーマーケット
发生 fāshēng 動 発生する、起こる
起 qǐ 量 発生した事柄を数える
事故 shìgù 名 事故
同学 tóngxué 名 同級生、同窓生
书架 shūjià 名 本棚
少 shǎo 動 不足する、足りない

現れたり消えたり…存現文は語順がポイント！

　「存現文」は「存在文」と「現象文」に分かれ、「存在文」は「存在」を表します。「存在」は Step04 の "有" で紹介しましたが、「存在文」ではより詳しい情報が得られます。一方「現象文」では「出現」や「消失」が表せます。なお、"有" と同様、名詞部分は不特定のもの、もしくは特定する必要がありません。

①　外面 刮着 风。

「存在文」は「場所＋動詞＋"着"＋名詞」で「存在」を表す。"有" の文は「〜に〜がある」だが、存在文は存在だけでなく、どんな状態であるのかまで表現できる。"刮风" は「風が吹く」で離合詞なので、間に「継続」を表す "着" を挟むことができる。

②　桌子 上 放着 一 份 资料。

場所が "桌子上" で「机の上」、動詞が "放着" で「置いてある」、数量詞を伴った名詞が "一份资料" で「1 部の資料」となる。これは話し手が「資料が置いてある」のを「発見」した状態を表す。

③　前面 来了 一 辆 公交车。

場所が "前面" で「前方」、動詞が "来了" で「来た」、数量詞を伴った名詞が "一辆公交车" で「1 台のバス」となる。これも「バスが出現した」ことを話し手が「発見」した状態を表す。「バス」は音訳の "巴士 bāshì" を使うこともある。

④　下雨 了。

自然現象などを表すのに、"下雨了" "刮风了" "出太阳了 Chū tàiyáng le（太陽が出てきた）" などのような主語のない「非主述文」を使うこともある。「動詞＋目的語＋"了"」の文型で、"雨下" でなく "下雨" の語順であることに注意。今までなかった「雨」が「降ってきた」という「出現」の意味がある。自然現象以外では、"开会了" "上课了" "吃饭了" などがある。

　　"客人来了" と "来客人了" はどちらも「お客様が来た」ですが、"客人来了" は「（来ることが分かっていた）お客様が来た」のに対し、"来客人了" は「（予定していなかった）お客様が（いきなり）来た」という意味です。つまり前者は特定、後者は不特定という違いがあります。なお③の「雨が降ってきた」は "下雨了" ですが、「雨が止んだ」は "雨停了" です。これは「雨」がすでに降っていて、分かっているという理由です。

Qiáng shang tiēzhe shénme?

⑤ A： 墙　上 贴着 什么？

壁には何が貼ってありますか？

Qiáng shang tiēzhe yì zhāng dìtú.

B： 墙　上 贴着 一 张　地图。

壁には１枚の地図が貼ってあります。

存在しているものについて、存在文と疑問詞 "什么" を使って質問している。"有" の場合は単に「ある」かどうかの判断だが、存在文では「貼る」という意味の "贴" を使うことによって、どのような状態かが分かる。"着" は「貼った」後の状態が持続して「貼ってある」という意味。

Yǐzi shang zuòzhe yí ge háizi.

⑥ 椅子　上 坐着 一 个 孩子。

椅子に子供が一人座っている。

Cāntīng li zuòzhe hěn duō kèrén.

⑦ 餐厅 里 坐着 很 多 客人。

レストランにはたくさんの客が座っている。

⑥⑦とも「座る」という意味の "坐" を使った存在文で、⑥は「椅子の上」、⑦は「レストランの中」と、座っている場所を表している。ただし、「子供」や「客」が誰かということは述べていない。

Shàngwǔ láile yí ge diànhuà.

⑧ 上午 来了 一 个 电话。

午前中に電話が１本ありました。

文頭で「場所」ではなく「時間帯」を限定する現象文。例えば午後から出社した同僚に、電話を受けた人が伝言するような場面である。話し手は誰からの電話か把握している可能性が高いが、この文では人物を特定せず、まず電話があったことのみを告げている。

Zuìjìn xīn kāile　yì　jiā chāoshì.

⑨ 最近 新 开了 一 家 超市。

最近、スーパーが新しくオープンした。

⑧と同様、「最近〜した」と「時間」を限定している現象文。これまでなかった
スーパーが「出現」したことを述べている。“开”はここでは「オープン
する」、“家”は家や店などを数える量詞、“超市”は“超级市场”の略で「スー
パーマーケット」の意味。

Zuótiān fāshēngle yì　qǐ　shìgù.

⑩ 昨天 发生了 一 起 事故。

"发"は「発」の
簡体字

昨日、事故が起きた。

「人」や「物」だけでなく、「事故」のように具体的な形のないものの「発生」
も現象文で表現できる。このように現象文は予期していないことが発生した
場合に使う。

Wǒnen bān zǒule　yí ge tóngxué.

⑪ 我们 班 走了 一 个 同学。

私たちのクラスは同級生が一人減った。

「消失」の現象文。“走”はここでは「去る」「離れる」の意味で、転校や退学
などによって同級生が一人いなくなったことを述べている。話し手は当然そ
れが誰だか分かっているが、この文では同級生を特定する必要がなく、「一
人減った」ことのみを伝えている。

Shūjià shang shǎole　yì　běn shū.

⑫ 书架 上 少了 一 本 书。

本棚の本が1冊少なくなった。

⑪と同様、「消失」の現象文。“少”は「少ない」という形容詞のほかに、「不
足する」「足りない」という動詞の用法もある。ここでは“少了”で、「少な
くなった」「足りなくなった」と「もともと本棚にあった本」が1冊「消失」
したことを述べている。

練習問題 05

1. 次の中国語を正しく並べ替えましょう。

（1）私は酒を一度飲んだことがある。

　　一次　　酒　　喝　　我　　过

_____ 。

（2）私はそこに何度も行ったことがある。

　　好几次　　过　　我　　那儿　　去

_____ 。

（3）今朝、来客があった。

　　了　　客人　　今天　　来　　个　　早上　　一

_____ 。

（4）外は雨が降っている。

　　下　　外面　　雨　　着

_____ 。

（5）公演は間もなく始まる。　　　　　　　　　演出 yǎnchū：公演

　　开始　　就　　演出　　了　　马上　　要

_____ 。

2. 次の中国語を日本語に訳しましょう。

（1）我学汉语学了三年了。

　　_____。

（2）我吃了饭，就去买东西。

　　_____。

（3）我在北京看过京剧。

　　_____。

（4）我们快要下班了。

　　_____。

（5）冰箱里少了一块蛋糕。

　　_____。

3. 次の日本語を中国語に訳しましょう。

(1) 私は車を運転しています。

_____。

(2) 彼女は中で待っています。

_____。

(3) 彼女はもう帰宅しました。

_____。

(4) もう8時だ。行かなきゃ。

_____。_____。

(5) あそこに服が1着掛かっている。　　挂 guà：掛ける　衣服 yīfu：服

_____。

時制があいまいな中国語

Step14 では、「変化・完了」を表す"了"を見てきました。「〜た」と訳すことが多いので、"了"＝「過去」と思いがちですが、過去形の文のすべてに"了"がつくとは限りません。例えば、「私は大学生の頃、よく図書館で勉強していた。」は、"我上大学的时候，常常在图书馆学习了。"としたいところですが、ここで"了"を使ってはいけません。というのも、"了"の基本的な意味は「変化・完了」であり、「繰り返される習慣」とは相いれないからです。つまり、たとえ過去でも「習慣」であれば、"了"を使わずに"我上大学的时候，常常在图书馆学习。"とします。「昨日、〜する」という表現をしない日本人にとっては、ちょっと不思議な気もしますね。なお、「〜た」は「あの頃は良かった」「景色がきれいだった」と「過去のことについての感想」に使えますが、この場合も"了"は使えません。

ただ、過去を示す「マーク」がないと、困ったことがおきますね。例えば、上の文の後半部分、"常常在图书馆学习"だけだと、「よく図書館で勉強する」のか「よく図書館で勉強していた」のかが分かりません。このような場合、前後の文脈か、「昨日」「明日」「以前」などの時間を表す言葉によって判断するしかないのです。ここでは、前半部分に"我上大学的时候"とあるので、「大学時代の習慣」ということが分かり、「過去」だと特定できます。では、文の前半部分に注目すれば時制が明確になるのかというと、実はそうとも言い切れません。次の文を見てみましょう。

Dìzhèn de shíhou, wǒ zhèngzài huí jiā de lùshang.
地震 的 时候，我 正在 回家的 路上。
（地震が起きた時、私はちょうど帰宅途中だった。）　⇒　過去

Dìzhèn de shíhou, qǐng búyào huāngzhāng.
地震 的 时候，请 不要 慌张。
（地震が起きた時は、慌てないでください。）　⇒　未来・仮定

この２つの文は、時間を特定する単語が"地震（地震が起こる）"で、"地震的时候（地震が起きた時）"だけでは過去か未来かが分かりません。それは"地震"が「いつでも起こりうる」「不測の出来事」だからかもしれません。ちなみに日本語の場合だと、「地震が起きた時は」のように「は」を入れることで「未来・仮定」の文であることがはっきりします。

このように、中国語は文脈から取り出すと「過去」「現在」「未来」の「時制」がかなりあいまいだと分かります。ただ、もちろん中国では、特に問題なく会話が成立しています。それは、「時制があいまいだ」という特徴があるので、「必要であれば時間を表す言葉を補う」などがごく自然に行われているからです。二つの言語の特徴を比べてみるというのは、外国語を学習する上での醍醐味と言えそうです。そして、その違いを押さえておけば、それはまさに上達への近道となります。

Step 18 結果補語
動詞＋結果補語（動詞 / 形容詞）

① **刚才 我 听到 一 个 好 消息。**
Gāngcái wǒ tīngdào yí ge hǎo xiāoxi.
先ほど私は良いニュースを聞いた。

② **您 能 听见 我 的 声音 吗？**
Nín néng tīngjiàn wǒ de shēngyīn ma?
私の声が聞こえますでしょうか？

③ **老师 的 话，你 听懂 了 吗？**
Lǎoshī de huà, nǐ tīngdǒng le ma?
先生の話、聞いていて分かった？

④ **不 好意思，我 听错 了。**
Bù hǎoyìsi, wǒ tīngcuò le.
すみません、聞き間違えました。

刚才	gāngcái	名	ついさっき	记	jì 動	記憶する、書き留める
消息	xiāoxi	名	ニュース、知らせ	作业	zuòyè 名	宿題
听见	tīng//jiàn	動	聞こえる、耳に入る	音乐会	yīnyuèhuì 名	コンサート
声音	shēngyīn	名	音、声	票	piào 名	切符、チケット
话	huà	名	話、言葉	卖	mài 動	売る
不好意思	bù hǎoyìsi		恥ずかしい、きまりが悪い	王	Wáng 名	王(人名)
衣服	yīfu	名	衣服	篮球	lánqiú 名	バスケットボール
洗	xǐ	動	洗う	比赛	bǐsài 名	試合
生词	shēngcí	名	新出単語	*結果補語は p.174 の表を参照		

発
音

基
礎
知
識

「聞こえた」のか「聞き間違えた」のか、動作は結果が大事！

　「補語」とは動詞の後に置いて、その動作の結果がどうだったのかを補う役割があります。補語にはいくつか種類がありますが、ここでは「動作の結果」を表す「結果補語」を紹介します。「結果補語」には動詞と形容詞があります。p.174の表を見ながら文の意味を確認してください。

① 　剛才 我 听到 一 个 好 消息。

> 結果補語の"到"は「到達する」の意味で、"听到"で「聞く＋到達する」から「話が耳に入った」「聞き及んだ」となる。

② 　您 能 听见 我 的 声音 吗?

> 結果補語の"见"は視覚や聴覚などについて「感覚でとらえる」という意味で、"听见"で「聞く＋とらえる」から「音が聞こえた」となる。"声音"は「声」や「音」で、②は例えばリモート会議などで音声確認の際に使う表現。

③ 　老师 的 话，你 听懂 了 吗?

> 結果補語の"懂"は「理解する」で、"听懂"は「聞く＋理解する」から「聞いて分かった」「聞いていて意味を理解した」となる。例えば外国語や難解な話を聞いた際に使う表現。動詞と補語は結び付きが強く、"听懂了"のように"了"や"过"は補語の後につける。

④ 　不 好意思，我 听错 了。

> 結果補語の"错"は「間違える」の意味で、"听错"で「聞く＋間違える」から「聞き間違えた」となる。"不好意思"は「恥ずかしい」という意味から、「すみません」と軽めに謝る際の決まり文句。

文

法

　中国語では補語は非常によく使われ、様々な表現があります。また、動詞と補語は結び付きが強く、中には1単語扱いとなっているものや、決まり文句となっているものもあります。補語が使いこなせると、より中国語らしい表現ができるようになりますよ。

資

料

【結果補語の例】

動詞	意味	形容詞	意味
wán 完	終わる	duì 对	正しい
jiàn 见	感覚でとらえる	cuò 错	間違えている
dào 到	到達する 目的を達成する	hǎo 好	完成する 満足な状態になる
dǒng 懂	分かる 理解する	duō 多	多い
zài 在	ある場所に落ち着く	guāng 光	すっかりなくなる 〜しつくす
chéng 成	変化する	lèi 累	疲れる
zhù 住	固定する	gānjìng 干净	きれいになる 清潔になる
gěi 给	あげる	qīngchu 清楚	はっきり

Yīfu dōu xǐgānjìng le.
⑤ 衣服 都 洗干净 了。
服はすべてきれいに洗いました。

結果補語の"干净"は「きれいになる」の意味で、"洗干净"で「洗う＋きれいになる」から「洗ってきれいになった」「きれいに洗い上がった」となる。なお"干净"は「清潔である」という意味で、「美しい」の「きれい」には"漂亮 piàoliang"や"美丽 měilì"を使う。

⑥　Jīntiān de shēngcí dōu jìzhù　le méiyǒu?

今天 的 生词 都 记住 了 没有？

今日の新出単語はすべて覚えましたか？

"记" は「記憶する」や「書き留める」、結果補語の "住" は「固定する」なので、"记住" で「記憶する＋固定する」から「しっかり覚える」となる。補語は結果を述べるので、"没有" で否定する。なお "生词" の "生" には「熟していない」「知らない」などの意味もあり、"生词" で「新出単語」となる。

⑦　Nǐ yǐjīng zuòwán zuòyè le ma?

A：**你 已经 做完 作业 了 吗？**

もう宿題はやり終えたの？

Hái méi zuòwán.

B：**还 没 做完。**

まだ終わっていないんだ。

中国語の動詞はその「動作」や「行為」自体を表し、その「結果」がどうかまでは述べていない。"做作业" は「宿題をする」で宿題に取り掛かっているが、それが出来上がったかどうかは補語によって示される。また、否定の "没" は "完" という結果に至っていないことを表す。

⑧　Yīnyuèhuì de piào dōu màiguāng le.

音乐会 的 票 都 卖光 了。

コンサートのチケットはすべて売り切れた。

⑨　Xiǎo Wáng hái méi mǎidào lánqiú bǐsài de piào.

小 王 还 没 买到 篮球 比赛 的 票。

王君はまだバスケの試合のチケットを買えてないんだ。

⑧の結果補語 "光" は「すっかりなくなる」という意味で、"卖光" で「売る＋すっかりなくなる」から「売り切れた」となる。⑨の "没买到" は「買う」という「行為を続けているが、まだ入手できていない」で、実際に買えてはいない。

発音

基礎知識

文法

資料

175

Step 19 程度補語、様態補語

形容詞＋"死了 / 极了"　　動詞＋"得"＋形容詞(句)

① **È sǐ le!**
饿 死 了！
お腹が空いて死にそう！

② **Xià de yàomìng!**
吓 得 要命！
死ぬほどびっくりした！

③ **Wǒ shuì de hěn wǎn.**
我 睡 得 很 晚。
私は寝るのが遅いです。

④ **Tā shuō de bù qīngchu.**
他 说 得 不 清楚。
彼の話ははっきり聞こえません。

饿 è 形 空腹である	听话 tīng//huà 形 言うことを聞く
死 sǐ 形 程度が甚だしい	气 qì 動 怒る
吓 xià 動 怖がる、びっくりする	加班 jiā//bān 動 残業する
得 de 助 動詞や形容詞の後で結果や程度を表す言葉を導く	喜欢 xǐhuan 動 好む
	不得了 bù déliǎo 甚だしい
要命 yào//mìng 動 程度がひどくなる	坏 huài 形 程度がひどくなった
睡 shuì 動 眠る	困 kùn 形 (疲れて)眠い
晚 wǎn 形 遅い、遅れている	不行 bùxíng 形 〜でたまらない、だめだ
风景 fēngjǐng 名 風景、景色	考 kǎo 動 試験する
美丽 měilì 形 美しい、きれいである	想 xiǎng 動 考える
极 jí 副 この上なく、甚だ	

「お腹が空いて死にそう！」、生き生きした表現をしよう

　中国語にも今の状況を生き生きした言葉で伝える表現があります。このうち「お腹が空いて死にそう！」など、動詞や形容詞がどんな程度かを表現するのが「程度補語」です。また、動作や状態の描写、評価、説明などを行うのが「様態補語」です。

①　饿 死 了！

「程度補語」には"…了"の形で程度の甚だしいことを表すものがある。"死了"のほか"极了""坏了""多了"などがあり、ここでは"**死了**"で"**饿**"の程度が高いことを示している。

②　吓 得 要命！

「程度補語」にはほかに"得…"の形で程度の甚だしいことを表すものがある。"要命"のほか"要死""很""不行""不得了"などがある。補語を導く"得"は"de"と発音する。"**饿得要命**"と形容詞につけることもできる。

③　我 睡 得 很 晚。

「様態補語」は"得…"の形で動作や状態についての説明や描写などを行う。ここでは"**睡得很晚**"で"**睡**"が"**很晚**"、つまり「寝るのが遅い時間になった」ことを説明している。

④　他 说 得 不 清楚。

「様態補語」の文を否定する場合は、様態補語の前に"不"を置く。「"**说**"＋"**不清楚**"」で「話す＋はっきりしない」から「話がはっきり聞こえない」となる。

　程度補語は種類が限られていて、形容詞や一部の気持ちを表す動詞に使われます。"…死了"や"…极了"は話し言葉で使われ、日本語の「お腹が空いて死にそう」のように軽い感じで使われることもあります。程度補語を使うのは肯定文だけで、疑問文や否定文には形容詞の疑問文や否定文（Step 06 参照）を使います。

⑤
Zhèli de fēngjǐng měilì jí le!

这里 的 风景 美丽 极 了!

ここの風景は実に美しい!

⑥
Háizi tài bù tīnghuà, qì sǐ le!

孩子 太 不 听话，气 死 了!

子供があまりにも言うことを聞かなくて腹が立つ!

⑤⑥どちらも "…了" の程度補語。⑦の "气死了" は "气死我了" の形もよく使われる。"太不…" は「あまりにも〜ない」。⑫Ｂの "不太…" は「あまり〜ない」なので注意。"听话" は「言うことを聞く」という意味。

⑦
Tā zuìjìn máng de hěn, tiāntiān jiābān.

他 最近 忙 得 很，天天 加班。

彼は最近すごく忙しくて、毎日残業しています。

⑧
Érzi duì dòngmàn xǐhuan de bù déliǎo.

儿子 对 动漫 喜欢 得 不 得了。

息子はアニメが好きでたまりません。

⑦は "忙得很" で「非常に忙しい」という「忙しさの程度」を表している。"天天" は「毎日」という意味で、日本語の「日々」と同じ。"班" はここでは「勤務」という意味で、"加班" で「残業」。⑧の "不得了" は「〜でたまらない」、この場合の "得" は "dé"、"了" は "liǎo" と発音する。

⑨
Jīntiān lèi huài le, wǒ kùn de bùxíng.

今天 累 坏 了，我 困 得 不行。

今日は疲れ果てた、眠くてどうしようもない。

⑨の "累坏了" "困得不行" はどちらも「動詞＋程度補語」の表現。"行" はここでは「良いと思う」という意味の動詞で "不行" は「だめだ」という意味。

Tā dǎ lánqiú dǎ de hěn hǎo.
⑩ 他 打 篮球 打 得 很 好。

彼はバスケットボールをするのがうまい。

Tā lánqiú dǎ de hěn hǎo.
⑪ 他 篮球 打 得 很 好。

彼はバスケットボールをするのがうまい。

⑩のように動詞に目的語が伴う場合は動詞を繰り返し、"打篮球打得很好" と「(動詞＋)目的語＋動詞＋ "得" ＋様態補語(形容詞など)」の文型になる。また、⑪のように前の動詞を省略して "篮球打得很好" とすることもできる。さらに "篮球，他打得很好" と目的語を前に出すこともできる。"得" の前には必ず動詞を置く。

Zhè cì kǎoshì kǎo de zěnmeyàng?
⑫ A：这 次 考试 考 得 怎么样 ？

今回のテスト、受けてみてどうだったの？

Zhè cì kǎo de bú tài hǎo.
B：这 次 考 得 不 太 好。

今回はあまり良くなかった。

"考试" は離合詞なので、動詞を繰り返す場合や様態補語をつける場合は "考" のみを使う。"不" は "得" と補語の間に入れる。

Wǒ lèi de bù xiǎng chīfàn.
⑬ 我 累 得 不 想 吃饭。

私は疲れてご飯を食べる気にならない。

形容詞に様態補語が続く例。様態補語にフレーズを使うこともできる。ここでは "不想吃饭" が補語で「疲れ」の状態が「ご飯を食べる気にならない」ほどだと述べている。

Step 20 方向補語
動詞＋方向補語（移動動詞）

① Tā zǒulai le.
他 走来 了。
彼は歩いて来ました。

② Tā zǒuqu le.
他 走去 了。
彼は歩いて行きました。

③ Tā pǎoxiàlai le.
他 跑下来 了。
彼は駆け降りて来ました。

④ Tā pǎoxiàqu le.
他 跑下去 了。
彼は駆け降りて行きました。

跑 pǎo 動 走る
口袋 kǒudai 名 ポケット
钱包 qiánbāo 名 財布
座 zuò 量 大きくて動かない物を数える
大厦 dàshà 名 ビル
赵 Zhào 名 趙（人名）
图书馆 túshūguǎn 名 図書館
吴 Wú 名 呉（人名）

小姐 xiǎojiě 名 〜さん（未婚女性に使う）
带 dài 動 携帯する、引き連れる
行李 xíngli 名 荷物
总经理 zǒngjīnglǐ 名 社長、総支配人
办公室 bàngōngshì 名 事務室、オフィス

＊方向補語は p.182 の表を参照

「歩いて来る」のか「歩いて行く」のか、話し手の視点で考えよう！

　「方向補語」になる動詞はほかの動詞の後に置いて、前の動作の方向を表すことができます。方向補語には "来" か "去" からなる単純方向補語①、"上" "下" "進" "出" など8種類の動詞からなる単純方向補語②、さらに「②＋①」の複合方向補語があります。まずは単純な文型から見ていきましょう。

① 他 走来 了。

> 動詞の "走" に単純方向補語①の "来" をつけて「歩く＋来る」から「歩いて来る」となる。つまり、主語の "他" が「私に近付く」というように、"来" が「歩く動作」"走" の方向を表す。

② 他 走去 了。

> 動詞の "走" に単純方向補語①の "去" をつけて「歩く＋行く」から「歩いて行く」となる。つまり、主語の "他" が「私から離れる」というように、"去" が「歩く動作」"走" の方向を表す。

③ 他 跑下来 了。

> 動詞の "跑" に複合方向補語の "下来" をつけて「走る＋降りる＋来る」から「走って降りて来る」となる。つまり、主語の "他" が「私に下がって近付く」と「走る動作」"跑" の二重の方向を表す。話し手は "他" より低い位置にいる。

④ 他 跑下去 了。

> 動詞の "跑" に複合方向補語の "下去" をつけて「走る＋降りる＋行く」から「走って降りて行く」となる。つまり、主語の "他" が「私から下がって離れる」と「走る動作」"跑" の二重の方向を表す。話し手は "他" より高い位置にいる。

> 　方向補語は人や物の移動について、話し手から見た視点が入ります。さらに、方向補語の種類や目的語などによって、語順に違いが出てきます。いろいろな場合があって少しややこしいのですが、まずは基本形を把握した上で、例外を覚えていきましょう。

【方向補語の種類】

単純方向補語①

補語	意味	補語	意味
lái 来	来る	qù 去	行く

単純方向補語②

補語	意味	方向の説明
shàng 上	上る	低い場所から高い場所へ
xià 下	下る	高い場所から低い場所へ
jìn 进	入る	外から中へ
chū 出	出る	中から外へ
huí 回	戻る	他の場所から元の場所へ
guò 过	過ぎる	ある地点や時点を通過する
qǐ 起	起きる	上へ向かう
kāi 开	開く 離れる	ある地点や時点から外へ開く ある地点や時点から外へ離れる

複合方向補語

（来）	（去）
shànglai 上来	shàngqu 上去
xiàlai 下来	xiàqu 下去
jìnlai 进来	jìnqu 进去
chūlai 出来	chūqu 出去
huílai 回来	huíqu 回去
guòlai 过来	guòqu 过去
qǐlai 起来	
kāilai 开来	kāiqu 开去

* 単純方向補語は他の動詞の後について、その動作の方向を表す。

* 複合方向補語は他の動詞の後について、その動作の2重の方向を表す。

* "过来" には「向かって来る」の意味もある。

182

Tā cóng kǒudai li náchūle qiánbāo.
⑤ 他 从 口袋 里 拿出了 钱包。
彼はポケットから財布を取り出しました。

"口袋" の "袋" は軽声だが、本来 の第4声が残る

Zǒuguò nà zuò dàshà, wǎng yòu guǎi.
⑥ 走过 那 座 大厦, 往 右 拐。
あのビルを過ぎたら、右に曲がって。

⑤の "出"、⑥の "过" はどちらも単純方向補語②。"拿出" は「持つ＋出す」 から「取り出す」、"走过" は「歩く＋過ぎる」から「通り過ぎる」となる。 単純方向補語②の語順は「動詞＋方向補語＋目的語」で、例外はない。

Xiǎo Zhào jìn túshūguǎn qù le.
⑦ 小 赵 进 图书馆 去 了。
赵君は図書館へ入っていった。

Wú xiǎojiě dàilaile yí ge xíngli.
⑧ 吴 小姐 带来了 一 个 行李。
呉さんは荷物を一つ持ってきた。

⑦の "去"、⑧の "来" は単純方向補語①。"进去" は「入る＋行く」から「入っ て行く」、"带来" は「携帯する＋来る」から「持って来る」となる。単純方 向補語①の語順は基本的に「動詞＋目的語＋方向補語」で、目的語は "来" "去" の前に置く。ただし、⑧のように目的語が「持ち運べる」もので過去の場合 のみ、目的語を "来" "去" の後に置いても良い。

Zǒngjīnglǐ pǎojìn bàngōngshì lái le.
⑨ 总经理 跑进 办公室 来 了。
社長が事務室に駆け込んできた。

"跑进办公室来" は複合方向補語 "进来" の間に目的語 "办公室" が入った形。 "办公室" は持ち運べないので、必ず "来" や "去" の前に置く。

Step 21 方向補語の派生的用法
動詞／形容詞＋方向補語（移動動詞）

Kànlai nǐ bù zhīdào ba.
① **看来 你 不 知道 吧。**
見たところ、君は知らないんだね。

Shuōlai shìqing fēicháng jiǎndān.
② **说来 事情 非常 简单。**
話せば、ことはとても単純なんです。

Qǐng bāng wǒ guānshàng mén.
③ **请 帮 我 关上 门。**
ドアを閉めていただけますか。

Wǒ xǐhuanshàng tā le.
④ **我 喜欢上 她 了。**
私は彼女のことが好きになった。

🔊 音声 091

知道 zhīdào 動 知る、分かる	古代 gǔdài 名 古代
事情 shìqing 名 事、出来事	传 chuán 動 伝える
简单 jiǎndān 形 単純である、簡単である	故事 gùshi 名 物語
关 guān 動 閉める、閉じる	谈 tán 動 語る、話す
门 mén 名 ドア、門、扉	活 huó 動 生きる
汽车 qìchē 名 自動車	作品 zuòpǐn 名 作品
停 tíng 動 止まる、停まる	早就 zǎojiù 副 とっくに
如果 rúguǒ 接 もし～なら	终于 zhōngyú 副 ついに、とうとう
要求 yāoqiú 名 要求、希望	醒 xǐng 動 覚める、目覚める
写 xiě 動 書く	

方向補語は方向を表すだけじゃない！

　「伝えられてきた」「伝えられていく」、実際の方向だけでなく、過去から未来への時間の流れも方向補語で表せます。ほかにも「見出す」や「正気に戻る」などさまざまな表現があり、これを「方向補語の派生的用法」と言います。ここではそのうちのいくつかを紹介しましょう。

① **看来 你 不 知道 吧。**

> "来" は "想" "看" "听" "说" などの後に置いて、「〜から推し量る」や「〜に着目する」などの意味を表す。ここでは "看来" で「見て推測したところ」という意味。

② **说来 事情 非常 简单。**

> "说来" は「言ってみれば」「話せば」の意味。"事情" は「事柄」。なお、"说来话长 shuō lái huà cháng" であれば、「話せば長くなるが」という意味の成語になる。

③ **请 帮 我 关上 门。**

> "关" は「閉める」、"上" は「合わせる」、"门" は「ドア」「門」「扉」などの意味。また、"请帮我…" は直訳すると「私を手伝って〜してください」で、人に何かを依頼する際に使う。

④ **我 喜欢上 她 了。**

> "喜欢" は「好き」、後に「新たな状態になる」という意味の "上" を置くことで、「好きになる」という意味。

　方向補語の派生的用法には、間違えやすいものもあります。例えば "想起来" は「忘れていたことを思い出す」なのに対して "想出来" は「今までなかったアイディアなどを思い付く」という意味です。いろいろな例文を見ていくことで、微妙な違いが分かってきます。

発　音

基礎知識

文　法

資　料

⑤ Qìchē zài dàshà pángbiān tíngxiàlai le.
汽车 在 大厦 旁边 停下来 了。
車はビルのそばに停まった。

"汽车" は「汽車」ではなく、「車」の意味。同形異義語は p.264 参照

⑥ Rúguǒ yǒu shénme yāoqiú, qǐng xiěxiàlai.
如果 有 什么 要求, 请 写下来。
もしも何か希望があれば、書いてください。

"要求" の "要" は第1声

⑦ Zhè shì cóng gǔdài chuánxiàlai de gùshi.
这 是 从 古代 传下来 的 故事。
これは古代から伝えられてきた物語です。

⑤⑥⑦はすべて "下来" の派生的用法。"下来" には「物事が離脱する」「物事が固定する」「過去から連続してくる」などの意味がある。⑤は「車が停まる」、⑥は「書いた文字が残る」、⑦は「過去から伝わる」という意味で方向補語が使われている。⑥の "如果有什么…" は「もしも何か～があれば」という意味。

⑧ Tài wǎn le, bù néng zài tánxiàqu le.
太 晚 了, 不 能 再 谈下去 了。
もう遅いから、これ以上話し続けるわけにはいかない。

⑨ Wǒmen yídìng yào huóxiàqu.
我们 一定 要 活下去。
私たちは絶対に生きていかなければならない。

⑩ Zhège zuòpǐn yídìng yào chuánxiàqu.
这个 作品 一定 要 传下去。
この作品は必ず伝えていかなければならない。

⑧⑨⑩は "下去" の例で、現在の動作や状態を「この先も続ける」という意味がある。⑦が「過去から現在まで」伝わってきたのに対し、⑩は「現在から未来へ」伝えていく点に注目。⑧の "不能再…了" は「これ以上～できなくなった」という意味。

Zhè jiàn shì kànqǐlai róngyì,　zuòqǐlai nán.
⑪ 这 件 事 看起来 容易，做起来 难。

これは見たところ簡単そうだが、やってみると難しい。

> "起" は第3
> 声だが軽声
> 寄りに発音

Tīngle tā de huà,　dàjiā dōu xiàoqǐlai le.
⑫ 听了 他 的 话，大家 都 笑起来 了。

彼の話を聞いて、みんな笑い出した。

> ⑪⑫はどちらも "起来" で、⑪は「～してみると」、⑫は「～し始める」の意味。
> "起来" にはほかに「ばらばらのものが集まる」という意味もある。

Zhè jiàn shì wǒ zǎojiù kànchūlai le.
⑬ 这 件 事 我 早就 看出来 了。

この件について私はとっくに見抜いていた。

> "出" は第1声だ
> が軽声寄りに発音

Nǐ kuài shuōchūlai ba.
⑭ 你 快 说出来 吧。

早く言いなさいよ。

> ⑬⑭はどちらも "出来" で、⑬は「識別できる」から「見出す」「見抜く」、⑭は
> 「出てくる」「生じる」から「口に出す」という意味。⑬の "早就" は「とっくに」。

Tā zhōngyú xǐngguòlai le.
⑮ 他 终于 醒过来 了。

彼はついに目を覚ました。

> "过来" は「正常な状態に戻ってくる」という意味で、"醒过来" は「（寝て
> いたり気を失っていたりする状態から）意識を取り戻す」という表現。"终于"
> は「ついに」「とうとう」。

発　音

基礎知識

文　法

資　料

187

Step 22 可能補語
動詞＋"得 / 不"＋結果補語 / 方向補語

Wǒ tīngdedǒng lǎoshī de huà.
① 我 听得懂 老师 的 话。
私は先生の話を聞いて理解できます。

Wǒ tīngbudǒng lǎoshī de huà.
② 我 听不懂 老师 的 话。
私は先生の話を聞いて理解できません。

Míngtiān méi shénme shì, wǒ huídelái.
③ 明天 没 什么 事，我 回得来。
明日は特に何もないから戻ってこられる。

Míngtiān shíjiān hěn jǐn, wǒ huíbulái.
④ 明天 时间 很 紧，我 回不来。
明日は時間が厳しくて戻ってこられない。

🔊 音声 093

时间 shíjiān 名 時間	早点儿 zǎodiǎnr 早めに
紧 jǐn 形 きつい、ゆとりがない	这么 zhème 代 こんなに
受 shòu 動 受ける、我慢する	菜 cài 名 料理、野菜
了 liǎo 動 終わる、〜し切れる	名字 míngzi 名 姓名、名前
及 jí 動 間に合う、追い付く、及ぶ	发烧 fā//shāo 動 発熱する
出发 chūfā 動 出発する	
恐怕 kǒngpà 副 おそらく	
还是 háishi 副 やはり〜したほうがいい、まだ	＊可能補語は p.190 の表を参照

「できる」「できない」にもいろいろな理由があって…

　同じ「買えない」にも「お金がなくて買えない」や「品物がなくて買えない」など様々な理由があります。中国語では動詞と補語の間に「できる」なら "得"、「できない」なら "不" を挟んで、より詳しい情報を加えます。これを「可能補語」と呼び、「理由」「状況」「方向」などを表します。可能補語は多く否定形で使われます。

① **我 听得懂 老师 的 话。**

> 「動詞＋結果補語」の "听懂" に「〜できる」の "得" を挟んで "听得懂" の形になる。"听懂" は結果を表す「聞いて分かる」の意味だが、"听得懂" は「聞いて理解できる」と「できる」ことがより強調されている。

② **我 听不懂 老师 的 话。**

> "听懂" に「〜できない」の "不" を挟んで "听不懂" の形になる。"听懂" を否定詞で否定する場合は「聞いて分からない」という意味の "没听懂" だが、"听不懂" は「聞いて理解できない」と「できない」ことがより強調されている。

③ **明天 没 什么 事，我 回得来。**

> 「動詞＋方向補語」の "回来" に「〜できる」の "得" を挟んで "回得来" の形になる。"回来" は方向を表す「戻ってくる」の意味だが、"回得来" では「戻ってこられる」のように「可能である」という意味が追加される。

④ **明天 时间 很 紧，我 回不来。**

> "回来" に「〜できない」の "不" を挟んで "回不来" の形になる。"回来" を "没" で否定する "没回来" は「戻ってこない」という意味だが、可能補語では "回不来" で「戻ってこられない」となる。"紧" は「きつい」「ゆとりがない」の意味。

　可能補語の中には慣用表現として使われるものも多くあります。代表的な例としては「すみません」という意味の "对不起"、「〜かもしれない」の "说不定"、「大差ない」の "差不多"、「軽視する」の "看不起"、「耐えられない」の "受不了"、「当てにならない」の "靠不住"、「思いも寄らない」の "想不到" などがあります（p.269 参照）。

【可能補語の例】

動詞	例	例の意味
dedào V 得到	mǎidedào 买得到	買って手に入れられる
deqǐ V 得起	mǎideqǐ 买得起	（お金があって）買える
deliǎo V 得了	shòudeliǎo 受得了	耐え切れる
dewán V 得完	chīdewán 吃得完	食べ切れる
deshàng V 得上	gǎndeshàng 赶得上	間に合わせられる
dexià V 得下	zuòdexià 坐得下	（スペースがあって）座り切れる
dedǒng V 得懂	tīngdedǒng 听得懂	聞いて意味が理解できる
dejiàn V 得见	kàndejiàn 看得见	（目が良かったり近かったりして）見える
dejí V 得及	láidejí 来得及	（時間に）間に合う
dechūlai V 得出来	kàndechūlai 看得出来	見分けることができる
deguòlai V 得过来	mángdeguòlai 忙得过来	人手が足りている

＊「V」は動詞を表す。

190

⑤ A：
Shí diǎn chūfā, láidejí ma?
十 点 出发，来得及 吗?

10時に出発しても間に合うかな？

B：
Kǒngpà láibují, háishi sǎodiǎnr chūfā ba.
恐怕 来不及，还是 早点儿 出发 吧。

おそらく間に合わないね。やっぱり早めに出発しなよ。

"及" は「間に合う」「追い付く」の意味で、"来得及" は「間に合う」、"来不及" は「間に合わない」となる。"恐怕" は「おそらく」で、良くない結果を予想している場合が多い。"早点儿" は "早" ＋ "一点儿" からなり、「早めに」という意味。

⑥
Wǒ chībuliǎo zhème duō cài.
我 吃不了 这么 多 菜。

こんなに多くの料理は食べ切れない。

⑦
Wǒ xiǎngbuqǐ tā de míngzi lái.
我 想不起 他 的 名字 来。

彼の名前が思い出せない。

目的語は基本的に可能補語の後に置く。ただ、⑦のように複合方向補語の "来" や "去" がある場合は、目的語を "来" や "去" の前に置く。なお、"**这么多菜我吃不了**" と目的語を前に出すこともでき、特に目的語が長い場合は前に出すことが多い。

⑧
Wǒ fāshāo le, míngtiān qùbuliǎo le.
我 发烧 了，明天 去不了 了。

熱が出て、明日は行けなくなった。

"了" が３つ出てくるが、このうち "去不了" の "了" は可能補語で発音は "liǎo"、"**发烧了**" と "**去不了了**" の後の "了" はそれぞれ「熱が出た」「行けなくなった」と変化を表す助詞（Step14 参照）で発音は "le" である。

1. 次の中国語を正しく並べ替えましょう。

(1) 私はすでに彼に話をつけておいた。

说　　他　　了　　跟　　我　　好　　已经

_____ 。

(2) 彼はバスケットボールが非常にうまい。

好　　篮球　　得　　他　　非常　　打

_____ 。

(3) 私は疲れていて出かけたくない。

想　　累　　去　　得　　我　　不　　出

_____ 。

(4) 今日は寒くてたまらない。

冷　　要命　　今天　　得

_____ 。

(5) 私はついに思い出しました。

起　　了　　想　　我　　终于　　来

_____ 。

2. 次の中国語を日本語に訳しましょう。

（1）**我说错了。**

_____ 。

（2）**我已经受不了了。**

_____ 。

（3）**太贵了，买不起。**

_____ 。

（4）**我看不出来他是日本人。**

_____ 。

（5）**你的声音我听不清楚。**

_____ 。

3. 次の日本語を中国語に訳しましょう。

(1) はっきりと書いてください。

_____ 。

(2) 彼は持って帰ってきました。

_____ 。

(3) 彼は病院に駆け込んでいった。

_____ 。

(4) 5分で食べ終えられます。

_____ 。

(5) こんなにたくさん覚えられません。

_____ 。

中国語らしい表現方法

　Step18 では結果補語、Step21 では方向補語の派生的用法について見てきましたが、中には日本語に直訳すると不自然になるものもありましたね。**"做完"**（やり終える）や **"听错"**（聞き間違える）などはスムーズに訳せますが、**"拿出来"**（直訳：取り出してくる→中から取り出す）、**"停下来"**（直訳：停め下ろしてくる／停めて固定する→停める）などは、直訳で意味を全部並べると、情報が多すぎておかしな日本語になってしまいます。つまり、中国語は日本語に比べると、「何をどうすのか」「何をしてどうなったのか」ということを細かく説明するのですね。

　また、中国語では同じ文字数の言葉や似た意味の言葉を並べ、話を盛り上げる習慣があります。例えば、2023 年元旦の習近平国家主席による祝辞を見てみましょう。

　　"明天的中国，奋斗创造奇迹。　（明日の中国は、奮闘が奇跡を生み出す。
　　明天的中国，力量源于团结。　　明日の中国は、力が団結から湧き起こる。
　　明天的中国，希望寄予青年。"　明日の中国は、希望が青年に託される。）

　日本語訳は各センテンスの文字数や拍数が不揃いになってしまいますが、中国語では文字数がきれいに揃っています。また、**"明天的中国"** という言葉が 3 回繰り返され、それに続く各フレーズ **"奋斗创造奇迹""力量源于团结""希望寄予青年"** は初めの 2 文字が名詞、次の 2 文字が動詞、最後の 2 文字は名詞（目的語）で、文法的にも揃っています。

　このように、中国語では強調したい言葉を何度も繰り返したり、文字数や拍数、文法を揃えて並べたりすることがしばしばあります。これは漢詩の「対句」や「押韻（韻を踏む）」の文化が今に息づいているのかもしれません。現代で言うなら、ラップにも通じそうですね。同じ内容のことについて微妙に表現を変え、同じ文字数で繰り返すことで徐々に盛り上げていく手法は、ニュースや新聞のほか、スピーチなどでもよく使われます。

　何千年という歴史を持つ中国語は、語彙が大変豊富です。もっと中国語を極めたいと思った方は、一つのことについて複数の言葉で表現できるよう、言葉の引き出しを多く持っておきましょう。リズムの整った中国語は心地よい響きを与えてくれるだけではなく、教養豊かな表現として聴衆を引き付ける効果があるのです。

　引用：人民日報オンライン（人民網）2023 年 1 月 5 日記事
（http://paper.people.com.cn/rmrb/html/2023-01/05/
nw.D110000renmrb_20230105_3-01.htm）

Step 23 比較① "比"
A"比"B＋形容詞（＋分量を表す語句）

Gēge bǐ wǒ gāo.
① 哥哥 比 我 高。
兄は私より背が高い。

Gēge bǐ wǒ gāo sān gōngfēn.
② 哥哥 比 我 高 三 公分。
兄は私より3センチ背が高い。

Gēge bǐ wǒ gāo yìdiǎnr.
③ 哥哥 比 我 高 一点儿。
兄は私より少し背が高い。

Gēge bǐ wǒ gāo de duō.
④ 哥哥 比 我 高 得 多。
兄は私よりずっと背が高い。

🔊 音声 095

比 bǐ 介 ～に比べて、～よりも	慢 màn 形 遅い、ゆっくりしている
高 gāo 形 高い	想象 xiǎngxiàng 動 想像する
公分 gōngfēn 量 センチメートル	早 zǎo 形 早めである、早い
一点儿 yìdiǎnr 数 少し	跳舞 tiào//wǔ 動 踊る、ダンスをする
热 rè 形 暑い、熱い	跳 tiào 動 跳ぶ、跳ねる
可能 kěnéng 助動 ～の可能性がある	工厂 gōngchǎng 名 工場
更 gèng 副 さらに、また	产量 chǎnliàng 名 生産量
网速 wǎngsù 名 インターネットの回線速度	增加 zēngjiā 動 増える、増加する
平时 píngshí 名 普段、日ごろ	倍 bèi 量 倍

比較は "比" から

　比較を表すには様々な表現がありますが、まず比較の代表的存在 "比" から始めていきましょう。基本は「A"比"B ＋比較結果」の文型で、「A は B より～だ」となります。比較結果には「形容詞」「動詞＋形容詞」「形容詞＋数量詞」、さらには "得多""得了" など、補語も入れることができます。

① 哥哥 比 我 高。

> "比" の前に主語、後に比較対象を置く。つまり、"哥哥" が主語で "我" は比較対象となる。"我" が主語だと「私は兄より背が低い」で"我比哥哥矮"。"高" の対義語は基本的に"低 dī"だが、「背が低い」には"矮 ǎi" を使うことが多い。

② 哥哥 比 我 高 三 公分。

> "三公分" のように、比較した結果を具体的に述べることもでき、その場合は形容詞 "高" の後に置く。"公分" は「cm」の意味で、"厘米 límǐ" ということもある。なお、「m」は "米 mǐ"、「mm」は "公厘 gōnglí" もしくは "毫米 háomǐ"。

③ 哥哥 比 我 高 一点儿。

> "一点儿" は「少し」の意味で、大まかな差を表す。語順は具体的な差と同じで、形容詞 "高" の後に置く。"一点儿" は基本的に量の少なさについて述べ、数えられるものには使わない。

④ 哥哥 比 我 高 得 多。

> "得多" は「ずっと」と、A と B の差が大きいことを表し、やはり形容詞の後に置く。"得多" の代わりに "多了" を使っても良い。

　比較表現では "很" や "非常" などの副詞が使えません。Step 06 の「形容詞述語文」で「"很" や "非常" などを入れないと比較の意味が出る」と説明（p.113 参照）したように、比較とは相容れない関係なのです。では比較で程度を表したいときは？その場合は「さらに」「より」「もっと」のように、比較の意味を含む "更 gèng""还 hái" などを使います。次のページで紹介しましょう。

⑤ A:
Míngtiān bǐ jīntiān rè ma?
明天 比 今天 热 吗?
明日は今日より暑いですか？

B1:
Míngtiān bǐ jīntiān gèng rè.
明天 比 今天 更 热。
明日は今日よりさらに暑いでしょう。

B2:
Míngtiān kěnéng méiyǒu jīntiān zhème rè.
明天 可能 没有 今天 这么 热。
明日はおそらく今日ほど暑くはありません。

比較文に "很" や "非常" などは使えないが、B1 の "更" のように、「さらに」「もっと」など比較の意味を持つ副詞が使える。B2 は否定文で、"比" は "没有" に置き換える。"没有今天这么热" を単語ごとに訳すと「～ない＋今日＋こんなに＋暑い」で「今日のようにこれほどは暑くない」となる。"可能" は「～かもしれない」、"热" は「熱い」「暑い」の両方に使える。

⑥
Jīntiān wǎngsù bǐ píngshí màn.
今天 网速 比 平时 慢。
今日のネットの回線速度は普段より遅い。

"网速" は「ネットの回線速度」、ここでは "今天" と "平时" を比較し、「今日は普段よりも～だ」といつもと違うことを述べている。

⑦
Zhège cài bǐ xiǎngxiàng de hái hǎochī.
这个 菜 比 想象 的 还 好吃。
この料理は思ったよりもずっとおいしい。

"A比B还…" の "还" は「さらに」「まだ」で、「AはBよりもさらに～」という意味。ここではAが "这个菜"、Bが "想象的(菜)" で、実際の料理と想像した料理の味を比較している。"想象" は "想像" と書くこともある。

Jīntiān wǒ bǐ tā lái de zǎo.

⑧ **今天 我 比 他 来 得 早。**

今日、私は彼より来るのが早かった。

Jīntiān wǒ lái de bǐ tā zǎo.

⑨ **今天 我 来 得 比 他 早。**

今日、私が来るのは彼より早かった。

⑧⑨は比較文に様態補語が使われている例。どちらも「私が彼よりも早く来た」事実を述べている。"来得" 部分は A の後にも B の後にも置くことができ、比較の結果を表す"早"は「A"比"B＋比較結果」の語順に従って後に置く。

Tā tiàowǔ tiào de bǐ wǒ hǎo duō le.

⑩ **他 跳舞 跳 得 比 我 好 多 了。**

彼のダンスは私よりずっと上手だ。

様態補語の程度を表すのに比較表現が使われている例。「彼のダンスの腕前」が「私よりずっと上手」な程度だと述べている。"多了"は④の "得多" を使っても良い。

Gōngchǎng de chǎnliàng bǐ qùnián zēngjiāle liǎng bèi.

⑪ **工厂 的 产量 比 去年 增加了 两 倍。**

工場の生産量は去年の3倍になった。

Gōngchǎng de chǎnliàng zēngjiādàole qùnián de liǎng bèi.

⑫ **工厂 的 产量 增加到了 去年 的 两 倍。**

工場の生産量は去年の2倍になった。

⑪⑫はどちらも増加分を "两倍"、つまり「2倍」で表しているが、"了"と"到"で増えた分量が異なる。⑪の "增加了两倍" は「去年の数量に加えてさらに2倍分増加した」、つまり去年が「100」だとすると、それに「200」を加えて今年の生産量は「300」になる。それに対して⑫は "增加到了去年的两倍" と "到" があるので「増加して去年の2倍にまで達した」。つまり、「今年は去年の2倍」で「200」となる。

Step 24　比較②　"有"、"一样"
A"有 / 没有"B"这么 / 那么" ＋形容詞　　A"跟"B"一样"

Wǒ yǒu gēge nàme gāo.
① 我 有 哥哥 那么 高。
私は兄ぐらい背が高い。

Mèimei méiyǒu wǒ zhème gāo.
② 妹妹 没有 我 这么 高。
妹は私ほど背が高くない。

Jīntiān de qìwēn gēn zuótiān yíyàng.
③ 今天 的 气温 跟 昨天 一样。
今日の気温は昨日と同じだ。

Jīntiān gēn zuótiān yíyàng liángkuai.
④ 今天 跟 昨天 一样 凉快。
今日は昨日と同じで涼しい。

那么	nàme	代	あんなに、あれほど	想法	xiǎngfǎ	名	考え、意見
气温	qìwēn	名	気温	差不多	chàbuduō	形	大差ない
一样	yíyàng	形	同じである	看法	kànfǎ	名	見方、考え
凉快	liángkuai	形	涼しい	做法	zuòfǎ	名	やり方、方法
发音	fāyīn	名	発音	论点	lùndiǎn	名	論点
水平	shuǐpíng	名	レベル	别人	biérén	代	他人
听力	tīnglì	名	リスニング能力	年轻人	niánqīngrén	名	若者
写作	xiězuò	動	文章を書く	意见	yìjiàn	名	意見、不満
爱	ài	動	愛する、〜することを好む	老年人	lǎoniánrén	名	高齢者、老人
视频	shìpín	名	動画、ビデオ、映像	重要	zhòngyào	形	重要である

比べてみて、同じかどうかがポイント！

　ここでは「同じかどうか」が問題となる比較を見ていきましょう。代表的な文型は "A 有 B 这么…" で、直訳すると「A は B ほどこんなに～だ」、つまり A がほぼ B のレベルに達していることを表します。また、"A 跟 B 一样" は「A は B と同じだ」という意味を表します。

①　我 有 哥哥 那么 高。

"A 有 B 那么…" で「A は B ほどあんなに～だ」なので、直訳すると「私は兄と同じぐらいあんなにも高い」という意味から「私は兄と同じぐらい高い」となる。**这么** は「こんなに」で、自分など近い場合に、**那么** は「あんなに」で遠い場合に使う。なお、**这么** **那么** は省略できる。

②　妹妹 没有 我 这么 高。

否定形には "没有" を使う。直訳すると「妹は私ほどこんなに高くはない」で、妹が私の身長のレベルに達していないことを表す。"比" の比較文の否定形がこの文型である（p.198 参照）。

③　今天 的 气温 跟 昨天 一样。

"A 跟 B 一样" は「A は B と同じだ」で主語の A を比較対象の B と比べた結果 "一样"、つまり「同じだ」と述べている。この文型は "跟" を "和" に置き換えることができる。なお、A が **今天的气温**、B が **昨天** なのは、話題が「気温」だと明白で、B の **的气温** が省略されているためである。

④　今天 跟 昨天 一样 凉快。

「同じように～だ」の場合、"一样" の後に形容詞、ここでは **凉快** を置く。この例のように **一样** が後の形容詞や動詞を修飾することもできる。

　"有…这么／那么" は「同じぐらい～だ」とレベルがほぼ同じことを表し、"跟…一样" は基本的に「同じ」であることを表します。ただ、場合によって「同じぐらい～だ」と訳すほうが良い場合もあります。また、後に続く言葉によってあいまいさを表すこともできます。

Tā de fāyīn shuǐpíng yǒu nǐ zhème gāo ma?

⑤ 他 的 发音 水平 有 你 这么 高 吗?

彼の発音のレベルはあなたほど高いですか?

Tā de tīnglì shuǐpíng yǒu méiyǒu nǐ zhème gāo?

⑥ 他 的 听力 水平 有 没有 你 这么 高?

彼のヒアリングのレベルはあなたほど高いですか?

Tā de xiězuò shuǐpíng yǒu nǐ zhème gāo méiyǒu?

⑦ 他 的 写作 水平 有 你 这么 高 没有?

彼の作文のレベルはあなたほど高いですか?

⑤⑥⑦はすべて疑問文で、⑥が通常の反復疑問文なのに対し、⑦は"没有"を文末に出している。"有"を使う比較文は疑問形または否定形で使われることが多い。

Wǒ méiyǒu tā nàme ài kàn shìpín.

⑧ 我 没有 他 那么 爱 看 视频。

私は彼ほど動画を好んで見ない。

比較内容に動詞句を続けることもできる。"爱"は「愛する」「大事にする」のほか、「～することを好む」「しょっちゅう～する」の意味がある。"视频"は「動画」「映像」「ビデオ」などの意味。

Wǒ shuì de méiyǒu tā nàme wǎn.

⑨ 我 睡 得 没有 他 那么 晚。

私は彼ほど寝るのが遅くない。

様態補語に比較文が組み合わさった文型。"睡得"の程度を「彼」の状況と比較して述べている。「起きるのが早い」は"起得早"。

Wǒ de xiǎngfǎ gēn nǐ de chàbuduō.

⑩ 我 的 想法 跟 你 的 差不多。

私の考えはあなたとほぼ同じだ。

Wǒ de kànfǎ gēn nǐ de bú tài yíyàng.

⑪ 我 的 看法 跟 你 的 不 太 一样。

私の見方はあなたとあまり近くはない。

Wǒ de zuòfǎ gēn nǐ de bù yíyàng.

⑫ 我 的 做法 跟 你 的 不 一样。

私のやり方はあなたとは異なる。

⑩⑪⑫は比較した結果がどうか、その差の度合いを変えた表現。⑪の "不太一样" の "不太…" は「あまり〜でない」という意味。この語順を入れ替えて "太不一样" とすると、"不一样" を「きわめて」という意味の "太" で強調するので「非常に異なる」「大きく違う」という意味になる。

Tā de lùndiǎn gēn biérén bù yíyàng.

⑬ 他 的 论点 跟 别人 不 一样。

彼の論点は他の人とは違う。

比較対象が "跟别人" で「ほかの人と」になっているので、一人ではなく不特定で複数になる例。彼が「ほかの人」とは異なり「特別」であることを示している。"不一样" は "不同" に置き換えることもできる。

Niánqīngrén de yìjiàn gēn lǎoniánrén de yíyàng zhòngyào.

⑭ 年轻人 的 意见 跟 老年人 的 一样 重要。

若者の意見は高齢者と同じく重要だ。

「若者の意見は重要だ」であれば "年轻人的意见很重要" となるが、「どのように重要か」という修飾部分に "跟老年人的一样" と比較表現を使っている。④と同様の用法。「老人」は "老人 lǎorén" ともいう。

Step 25

比較③ 最上級
"最"＋形容詞　　"比"＋疑問詞＋"都"

Tā chéngjì zuì hǎo.
① 他 成绩 最 好。
彼は成績が一番良い。

Zài wǒmen bān li tā zuì cōngmíng.
② 在 我们 班 里 他 最 聪明。
私たちのクラスで、彼は一番頭がいい。

Tā bǐ shéi dōu yǒu nénglì.
③ 他 比 谁 都 有 能力。
彼は誰よりも能力がある。

Wǒmen dāngzhōng tā de fēnshù bǐ shéi dōu gāo.
④ 我们 当中 他 的 分数 比 谁 都 高。
私たちの中で彼の点数が誰よりも高かった。

成绩 chéngjì 名 成績、成果	欢迎 huānyíng 動 歓迎する
最 zuì 副 最も	商品 shāngpǐn 名 商品
聪明 cōngmíng 形 賢い、聡明である	放心 fàng//xīn 動 安心する
能力 nénglì 名 能力、技量	安全 ānquán 形 安全である
当中 dāngzhōng 名 （～の)中	位 wèi 量 敬意を込めて人を数える
分数 fēnshù 名 点数	教练 jiàoliàn 名 コーチ、トレーナー
讨厌 tǎoyàn 形 嫌だ、煩わしい	严格 yángé 形 厳格である、厳しい
家务 jiāwù 名 家事	了解 liǎojiě 動 分かる、理解する
合适 héshì 形 ふさわしい、ちょうどいい	情况 qíngkuàng 名 状況、様子
觉得 juéde 動 ～と思う	受伤 shòu//shāng 動 傷付く
适合 shìhé 動 合う、適合する	

「最も」「何と比べても」、最上級をマスターしよう！

　最上級は３つ以上の比較をする際に使います。最上級は２種類あって、代表的な“**最**…”は日本語でもなじみ深い表現ですね。もう一つの「“**比**”＋疑問詞＋“**都**”…」は「何と比べてもすべて〜だ」という意味を表します。この場合に使われる疑問詞に疑問の意味はなく、「不特定の人や物」を指します。

① 他 成绩 最 好。

“**最好**”は「最も良い」「一番良い」という意味。ここでは「何の中で」という範囲は明記されていないが、「クラスの中で」「同僚の間で」など、前後の文脈で推測が可能な場合は不要。

② 在 我们 班 里 他 最 聪明。

“**在**…**里**”は「〜の中で」なので、“**在我们班里**”は「私たちのクラスの中で」と、比較する範囲を限定している。“**聪明**”は「賢い」「聡明である」の意味。

③ 他 比 谁 都 有 能力。

疑問詞は疑問の意味を表すだけでなく、「不特定の対象」も指す。“**比谁都有**…”は「誰よりも〜がある」で「(不特定の)誰と比べても〜だ」ということから、最上級を表す表現となる。

④ 我们 当中 他 的 分数 比 谁 都 高。

“**当中**”は「〜の中」という意味で、“**我们当中**”で「私たちの中で」と比較する範囲を限定している。“**分数**”は「(テストや試合の)点数」。

　“**最**”は日本語でも使うのでイメージしやすいですね。中国語でも“**最初 zuìchū**”“**最后 zuìhòu**”“**最终 zuìzhōng**”“**最近 zuìjìn**”のように日本語とほぼ同じ意味で単語になっているものもあります。ただ、“**最好**”は“**最好跟他商量**”で「一番いいのは彼と相談することだ」となるように、「一番いいのは〜だ」「なるべく〜したほうが良い」という意味の副詞としても使われます。

Nǐ zuì tǎoyàn zuò de jiāwù shì shénme?

⑤ 你 最 讨厌 做 的 家务 是 什么?

あなたが一番嫌いな家事は何ですか?

ここでは比較の最上級が、主語を説明する要素として使われている。"做家务" は「家事をする」という意味。ここでの疑問詞 **"什么"** は「不特定」でなく、**"…是什么?"** で「～は何ですか?」という「疑問」を表す。

Wǒ hái méi zhǎodào zuì héshì de gōngzuò.

⑥ 我 还 没 找到 最 合适 的 工作。

私はまだ一番ふさわしい仕事を見つけていません。

Nǐ juéde shénme gōngzuò zuì shìhé wǒ?

⑦ 你 觉得 什么 工作 最 适合 我?

あなたはどんな仕事が私に一番合うと思いますか?

⑥の **"还没找到"** は結果補語の否定形で、「(探しているが) まだ探し当ててない」という意味。**"最合适的工作"** は「一番ふさわしい仕事」、⑦の **"什么工作最适合"** は「どんな仕事が合う」の意味。**"合适"** と **"适合"** は混同しやすいが、**"合适"** は形容詞で「ふさわしい」「ちょうど良い」、**"适合"** は動詞で「合う」。

Zhè shì zuì shòu huānyíng de shāngpǐn.

⑧ 这 是 最 受 欢迎 的 商品。

これは一番人気の商品です。

Zhège shāngpǐn mài de zuì hǎo.

⑨ 这个 商品 卖 得 最 好。

この商品は売れ行きが一番良い。

"最受欢迎" は「最も歓迎を受ける」から「一番人気がある」、**"卖得最好"** は様態補語で、「売れるのが最も良い」から「一番売れ行きが良い」となる。

Nǐ fàngxīn, zhèli bǐ nǎli dōu ānquán.
⑩ 你 放心，这里 比 哪里 都 安全。
安心して、ここはどこよりも安全よ。

場所について述べているので、「不特定」を表す疑問詞には "哪里" が使われる。"放心" は「（心配事がなくなって）安心する」で、日本語の「安心」に近い。中国語の "安心 ānxīn" は「心が落ち着いている」という意味。

Nà wèi jiàoliàn bǐ shéi dōu yángé.
⑪ 那 位 教练 比 谁 都 严格。
あのコーチは誰よりも厳しい方です。

Tā bǐ shéi dōu liǎojiě xiànzài de qíngkuàng.
⑫ 他 比 谁 都 了解 现在 的 情况。
彼は誰よりも今の状況を理解している。

どちらも "比谁都" の最上級で、⑪は後に形容詞が、⑫は後に動詞と目的語が続く表現。⑪の "位" は敬意を込めて人を数える際の量詞。⑫の "了解" は「（意味や内容、状況などを）理解する」、似た意味の "理解 lǐjiě" は「理性的に認識する」「（判断や推察によって）深く理解する」という違いがある。

Méi shòushāng bǐ shénme dōu hǎo.
⑬ 没 受伤 比 什么 都 好。
けががなかったのなら何よりです。

Nín shēntǐ hǎo jiù bǐ shénme dōu hǎo.
⑭ 您 身体 好 就 比 什么 都 好。
あなたのお身体の調子が良いのなら何よりです。

⑬⑭を直訳すると「けがをしていないなら何よりも良い」「あなたの身体が良いなら何よりも良い」となるが、どちらも相手に向かって「〜なら何よりだ」という気遣いを述べている。

Step 26　比較④　その他の比較表現
"跟"A"比起来"，B"更"＋形容詞

Nǐ jǐ diǎn bǐjiào fāngbiàn?
① 你 几 点 比较 方便?
何時が都合いい？

Bǐqǐ dúshū, wǒ gèng xǐhuan yùndòng.
② 比起 读书，我 更 喜欢 运动。
読書と比べると、私は運動のほうがもっと好きです。

Wǒ de Hànyǔ bǐbushàng tā.
③ 我 的 汉语 比不上 他。
私の中国語は彼にはかなわない。

Wǒ de Hànyǔ bùrú tā.
④ 我 的 汉语 不如 他。
私の中国語は彼には及ばない。

🔊 音声 101

比较	bǐjiào	副	比較的		
方便	fāngbiàn	形	便利である、都合が良い		
读书	dú//shū	動	読書する、勉強する		
运动	yùndòng	動	運動する		
不如	bùrú	動	及ばない、劣る		
睡觉	shuì//jiào	動	寝る、眠る		
地铁	dìtiě	名	地下鉄		
出租车	chūzūchē	名	タクシー		
数量	shùliàng	名	数量		
质量	zhìliàng	名	質、品質		
生气	shēng//qì	動	怒る、腹を立てる		
吃惊	chī//jīng	動	驚く		
过去	guòqù	名	過去		
生活	shēnghuó	名	生活、暮らし		
远	yuǎn	形	遠い		
靠	kào	動	頼る、もたれる		
自己	zìjǐ	代	自分、自身		
动手	dòng//shǒu	動	手を動かす、着手する		
照顾	zhàogù	動	面倒を見る、気を配る		
好好儿	hǎohāor	副	十分に、しっかりと		

比較表現、実はまだある

　これまで3つの Step にわたって比較表現を紹介してきましたが、実はほかにもいろいろあります。ここでは "**比较**" "**比起**" "**比不上**" "**不如**" と、もう少し紹介していきましょう。比較表現は文の中心になるだけでなく、名詞を修飾したり様態補語と組み合わされたりと様々な働きをします。

①　你 几 点 比较 方便?

"**比较**" は「比較的」「割と」という意味で、「どちらかというと」というニュアンスだが、例えば①では基本的に聞かれた側が「最も都合の良い時間」を返答する。"**方便**" は「都合が良い」の意味。

②　比起 读书，我 更 喜欢 运动。

"**比起**…" の "**起**" は方向補語で、「～と比べてみると」と比較対象を導く。「本を読む」は "**看书**" のほか、"**读书**" や "**念书** niànshū" がある。"**读书**" "**念书**" は「勉強する」という意味もあり、"**念书**" は声を出して読む場合に使う。

③　我 的 汉语 比不上 他。

"**比不上**" は可能補語の否定形で、「（彼のレベルには）はるかに及ばないこと」「（彼とは）比べものにならないこと」を表す。"**比不上**" では二者の差の大きいことが分かる。

④　我 的 汉语 不如 他。

"**不如**" は「及ばない」「劣る」という意味で、「彼に劣っていること」を表す。"**百闻不如一见** bǎi wén bùrú yí jiàn" は「百聞は一見に如かず」。

　Step23 で、比較 "**比**" の否定形には "**没有**" を使うと紹介しましたが、"**不比**" も存在します。ただ、"**不比**" の場合、多くは前の話者に軽く反論する意味合いが含まれます。例えば「彼のほうが君より背が高いよね」と言われたことに対して "**他不比我高**" と答えると、「彼が僕より背が高いということはない」という反論になります。

Nǐ xiān shuìjiào bǐjiào hǎo.

⑤ 你 先 睡觉 比较 好。

君はまず寝たほうがいいよ。

> "先" は「まず」「先に」という意味。"先睡觉"、つまり「ひとまず寝るように」と勧めている。p.205で紹介したように、「〜したほうが良い」の"最好"を使って "最好你先睡觉" ということも可能。

Bǐqǐ dìtiě, wǒ gèng xiǎng zuò chūzūchē.

⑥ 比起 地铁，我 更 想 坐 出租车。

地下鉄よりタクシーに乗りたい。

Gēn dìtiě bǐqǐlai, zuò chūzūchē gèng fāngbiàn.

⑦ 跟 地铁 比起来，坐 出租车 更 方便。

地下鉄と比べると、タクシーに乗るほうがもっと便利だ。

> ⑥は "比起地铁"、⑦は "跟地铁比起来" を使って、どちらも「地下鉄と比べて」と述べている。⑥を "比起地铁来" としても良い。"方便" は①では「都合が良い」の意味だが、⑦では「便利である」の意味。

Bǐqǐ shùliàng, gèng zhòngyào de shì zhìliàng.

⑧ 比起 数量，更 重要 的 是 质量。

数量よりもっと大事なのは品質だ。

Tā bǐqǐ shuō shì shēngqì, bùrú shuō shì chījīng.

⑨ 他 比起 说 是 生气，不如 说 是 吃惊。

彼は腹を立てたというよりは驚いた。

> ⑧の "更重要的是…" は「より重要なのは〜」の意味。⑨は "比起A不如B" で「AというよりもBだ」という表現。"生气" は「腹を立てる」、"吃惊" は「驚く」の意味。

Guòqù de shēnghuó yuǎnyuǎn bǐbushàng xiànzài.
⑩ 过去 的 生活 | 远远 比不上 现在。
以前の生活は現在に比べてはるかに及ばない。

Wǒ nǎr bǐbushàng tā?
⑪ 我 哪儿 比不上 他?
私のどこが彼より劣るのですか?

"比不上"は「比べものにならない」。⑩の "远" は「遠い」という意味の形容詞で、ここでは "远远" と重ねることで生き生きした表現になる。これを「形容詞の重ね型」という。⑪では「どこが劣るのか?」と話者の不満な気持ちが表れている。なお、反語文は Step 31 参照。

Nǐ qù hái bùrú wǒ qù.
⑫ 你 去 还 不如 我 去。
あなたが行くよりも私が行ったほうがいい。

Kào biérén hái bùrú zìjǐ dòngshǒu.
⑬ 靠 别人 还 不如 自己 动手。
人に頼るより自分でやったほうがいい。

⑫⑬はどちらも「~するなら~のほうがいい」という表現。⑬の "靠" は「頼る」、"动手" は「手を動かす」「着手する」で、"自己动手" は「自ら手を動かす」「自分でやる」の意味。

Zhàogù biérén hái bùrú hǎohāor zhàogù nǐ zìjǐ.
⑭ 照顾 别人 还 不如 好好儿 照顾 你 自己。
ほかの人の世話を焼くよりも、自分自身を十分大切にしなさい。

"照顾" は「面倒を見る」「世話を焼く」、"你自己" は「あなた自身」の意味。"好好儿" は⑩と同じ形容詞の重ね型でもあるが、ここでは副詞で「十分に」「ちゃんと」「しっかりと」の意味で使われている。「r 化 (p.52 参照)」した際には 2 つ目の "好" が第 1 声になることに注意。

1. 次の中国語を正しく並べ替えましょう。

（1）北京は上海よりもずっと寒い。

上海　　得　　比　　北京　　多　　冷

_____。

（2）私は彼よりも2歳年下だ。　　　　　　　小 xiǎo：若い、小さい

比　　小　　岁　　我　　两　　他

_____。

（3）中国語は英語と同じくらい難しい。

难　　汉语　　一样　　跟　　英语

_____。

（4）私がどんなに努力しても彼女にはかなわない。

也　　不　　她　　我　　努力　　比　　怎么　　上

_____。

（5）私はタクシーに乗って行くのが一番便利だと思います。

坐　　方便　　去　　我　　出租车　　觉得　　最

_____。

2. 次の中国語を日本語に訳しましょう。

（1）他现在很忙，你晚一点去比较好。

_____ 。

（2）我跳舞跳得没有她那么好。

_____ 。

（3）今年的汽车产量比去年增加了两倍。

_____ 。

（4）跟这个商品比起来，那个商品卖得更好。

_____ 。

（5）想太多还不如早点儿睡觉。

_____ 。

3. 次の日本語を中国語に訳しましょう。

（1）ここはあちらよりも安全だ。

_____。

（2）紅茶はウーロン茶ほど高くない。

_____。

（3）私は誰よりも中国を愛している。

_____。

（4）私たちの学校では、王先生が一番厳しい。

_____，_____。

（5）一番大切なのは、文化を理解することです。　　**文化** wénhuà：文化

_____。

中国の人との付き合い方

　ひとくちに「中国人」といっても、広大な多民族国家である中国には様々な人が住んでいます。当然、性格や考え方も様々ですが、ここではあえてその傾向を探ってみましょう。

　中国では「内」「外」の区別が強く、家族や友人知人、同郷など「内」の人には非常に親密な一方、「外」の人には警戒心が強く愛想の良くない場合があります。ですから、最初は相手の態度が硬くても、少し積極的に話してみましょう。仲良くなると「給料」や「年齢」などを聞かれるかもしれません。中国では「内」になるとオープンなので、答えたくない質問には「それは内緒」と言いつつ、可能な範囲で自己開示をしましょう。なお、「仲良くなった中国人に頼まれごとをされて困る」という場合もあるかもしれません。実は中国では親しい人の依頼であれば、自分の人脈、足りなければ知人の人脈も使って何とか実現を目指す傾向があります。逆に頼みごとをすれば、強力に動いてくれることもあります。つまり、付き合いの距離感が違うのですね。知人の頼みに対する当事者意識が、より強いと言えるかもしれません。ちなみに日本では「コネ」にあまり良いイメージはありませんが、中国の「コネ社会」は「いかに努力して人脈を築いてきたか」とプラスに捉えてみてください。

　あなたが中国人の部下を率いる立場であれば、人前で注意をしないようにしましょう。「メンツを潰した」と深刻に受け止められる可能性があるので、言うべきことは個別に話してください。また、日本では婉曲表現を使ったり言葉を濁したりする習慣がありますが、できるだけ直接的、論理的に伝えましょう。相手が遠慮なく意見を言うこともありますが、「失礼だ」と考えるのではなく、「文化の違い」と受け止めるとスムーズです。

　中国企業に対しても、論理的かつ明確な表現を心がけましょう。日本では「社に持ち帰って…」ということもありますが、中国企業は決断や行動の速いことが多いので、決定権のある人が交渉の席に着くと良いでしょう。さらに、会食や宴会も大切で、腹を割って信頼関係を築く場とされます。相手の気遣いに感謝しつつ、誠実に堂々と振る舞いましょう。お酒で醜態を晒すのもタブーです。食事は伝統的には相手が食べ切れないぐらい提供します。最近はフードロスの観点から「残す」ことを良しとしない風潮もありますが、ホスト側で高級懐石料理などを選ぶと量が少なくてがっかりされるかもしれません。また、生ものが苦手な人やイスラム教の人もいます。相手の習慣や好みは十分リサーチしておきましょう。

Step 27 "是…的" 構文

"是"＋動詞句＋"的"

Tā shì shénme shíhou lái de?
① 他 是 什么 时候 来 的？
彼はいつ来たのですか？

Tā shì zuótiān lái de.
② 他 是 昨天 来 的。
彼は昨日来たのです。

Tā shì cóng nǎr lái de?
③ 他 是 从 哪儿 来 的？
彼はどこから来たのですか？

Tā shì cóng Tiānjīn lái de.
④ 他 是 从 天津 来 的。
彼は天津から来たのです。

🔊 音声 103

天津	Tiānjīn 名 天津	减肥	jiǎn//féi 動 ダイエットをする
骑	qí 動 （またがって）乗る	而	ér 接 目的・原因・方法などをつなぐ、累加、逆接
自行车	zìxíngchē 名 自転車	跑步	pǎo//bù 動 走る
重庆	Chóngqìng 名 重慶	也	yě 副 〜も
照片	zhàopiàn 名 写真	这样	zhèyàng 代 このような
拍	pāi 動 撮影する、たたく	认为	rènwéi 動 認める、〜と思う
认识	rènshi 動 知る、認識する		
为了	wèile 介 〜のために		

もう一歩、内容を深めるための "是…的" 構文

　話し手と聞き手の双方が知っている過去のことについて、「それはいつ？」「どこで？」「どうやって？」など、さらに一歩深い質問や説明をする際は「"是…的" 構文」を使います。日本語の「それは〜のだ」のように "是…的" で挟んだ言葉を取り立てて強調します。話し手の見方や判断を表す場合もあります。

① 他 是 什么 时候 来 的？

> 話し手と聞き手の双方とも「彼が来た」という事実を知った上で、「それはいつのことか？」と時間について質問している。取り立てる部分は "是" の直後に置く。なお、"是…的" 構文は必ず過去を表すが、助詞の "了" は使わない。

② 他 是 昨天 来 的。

> ①に対する答えとして使える文。"是…的" 構文で取り立てる内容は「時間」のほかに、「場所」「(動作の)行い手」「方法」「目的」「理由」などがある。

③ 他 是 从 哪儿 来 的？

> ①と同様、話し手と聞き手は「彼が来た」ことを知っていて、「どこから来たのか」と場所について尋ねている。"是" を省略して "他从哪儿来的？" としても良い。

④ 他 是 从 天津 来 的。

> ③に対する答えとして使える文。"是" を省略して "他从天津来的" としても良い。

> 　"是…的" のある文がすべて「"是…的" 構文」というわけではありません。例えば "这是我的" は「これは私の (もの) です」で "的" は「〜のもの」という意味、"我是卖汽车的" は「私は車を販売している者です」で「車のディーラー」という職業について述べています (p.87 参照)。

発　音

基礎知識

文　法

資　料

Nǐ shì qí zìxíngchē lái de ma?

⑤ A：你 是 骑 自行车 来 的 吗？

君は自転車で来たの？

Bù, wǒ bú shì qí zìxíngchē lái de.

B：不，我 不 是 骑 自行车 来 的。

ううん、僕は自転車で来たんじゃないよ。

"是…的" 構文は疑問詞疑問文だけでなく、"吗" 疑問文や反復疑問文も使える。否定文の場合、"是" は省略できない。なお、「乗り物に乗る」の動詞「乗る」には "坐" を使うことが多いが、"自行车" のほか、"摩托车 mótuōchē(バイク)" や "马 mǎ(ウマ)" など「またがって乗る」ものには "骑" を使う。

Nǐ shì shénme shíhou lái Chóngqìng de?

⑥ 你 是 什么 时候 来 重庆 的？

あなたはいつ重慶に来たのですか？

"重庆" の "重" は "chóng"、"重要" の "重" は "zhòng"

Nǐ shì shénme shíhou lái de Chóngqìng?

⑦ 你 是 什么 时候 来 的 重庆？

あなたはいつ重慶に来たのですか？

⑥⑦とも同じ意味だが、⑦では "重庆" が "的" の後になる。一部例外はあるが、"是…的" 構文では目的語を "的" の後に置くことが可能。なお、"是…的" 構文から "是" と "的" を抜くと、"你什么时候来重庆？" で「あなたはいつ重慶に来るの？」と未来を表す文になる。

Shì wǒ gàosu tā de.

⑧ 是 我 告诉 他 的。

私が彼に話したんです。

「(動作の) 行い手」を取り立てた場合の表現。⑧を疑問詞疑問文にする場合は "是谁告诉他的？" となる。なお、⑧の "他" のように目的語が代詞の場合や後に方向補語が続く場合は、目的語を "的" の後に置くことはできない。

Zhè zhāng zhàopiàn shì zài nǎr pāi de?

⑨ 这 张 照片 是 在 哪儿 拍 的?

この写真はどこで撮ったの？

③も "哪儿" で場所を尋ねているが、③は「起点」で "从"、⑨は「写真を撮った地点」なので "在" が使われている。「写真を撮る」は "拍照片" だが、離合詞で 1 単語の "拍照" もある。

Nǐmen shì zěnme rènshi de?

⑩ 你们 是 怎么 认识 的?

あなたたちはどうやって知り合ったの？

"怎么" はここでは「どのようにして」の意味で、「知り合ったきっかけや状況」を尋ねている。"认识" は「知る」「認識する」の意味。

Wǒ bú shì wèile jiǎnféi ér pǎobù de.

⑪ 我 不 是 为了 减肥 而 跑步 的。

私はダイエットのために走っているわけじゃない。

"为了" は「〜のために」の意味。"而" には様々な意味があるが、ここでは「目的、原因、根拠などの語句を接続する」という役割。

Wǒ yě shì zhèyàng rènwéi de.

⑫ 我 也 是 这样 认为 的。

私もこのように認識しています。

⑫は "是…的" 構文の別の用法で、話し手の見解や見方、態度などを断定的に表現する場合に使う。この場合は "是" と "的" を抜いて "我也这样认为" としてもほとんど意味は変わらない。"…也" は「〜も」の意味。

Step 28 "把" 構文
"把" ＋目的語＋動詞＋α（結果補語 / 方向補語など）

Tā bǎ wèntí jiějué le.
① 他 把 问题 解决 了。
彼は問題を解決しました。

Wǒ bǎ kùzi xǐgānjìng le.
② 我 把 裤子 洗干净 了。
私はズボンをきれいに洗いました。

Wǒ bǎ yǔsǎn dàilai le.
③ 我 把 雨伞 带来 了。
私は傘を持ってきた。

Nǐ bǎ fángjiān shōushishōushi ba.
④ 你 把 房间 收拾收拾 吧。
ちょっと部屋を片付けなさいよ。

◀)) 音声 105

把 bǎ 介 ～を（目的語を導く）	换 huàn 動 交換する、換える
解决 jiějué 動 解決する	篇 piān 量 文章などを数える
裤子 kùzi 名 ズボン	文章 wénzhāng 名 文章
雨伞 yǔsǎn 名 雨傘	翻译 fānyì 動 翻訳する、通訳する
收拾 shōushi 動 片付ける	护照 hùzhào 名 パスポート
还 huán 動 返す、戻る	孙子 sūnzi 名 孫
车站 chēzhàn 名 駅、バス停	小心 xiǎoxīn 動 注意する
忘 wàng 動 忘れる	手表 shǒubiǎo 名 腕時計
窗户 chuānghu 名 窓	弄 nòng 動 もてあそぶ、する
锁 suǒ 名 鍵、錠前、ロック	钥匙 yàoshi 名 鍵、キー

その目的語をどうするか、「処置」を表す "把" 構文

　話し手と聞き手の双方がすでに知っている特定の対象について、それを移動させたり変化させたり強調したりする場合に「"把" 構文」を使います。中国語の語順は基本的に「主語＋動詞＋目的語」ですが、"把" で目的語を前に出し、後でどんな処置を加えるかを続けます。この場合、動詞は単独で使えません。

①　他 把 问题 解决 了。

「問題を解決する」は通常 "解决问题" だが、"把" が目的語の "问题" を前に出している。動詞は単独で使えず、ここでは "了" を伴っている。

②　我 把 裤子 洗干净 了。

目的語の「ズボン」である "裤子" を前に出し、"洗干净了" で「洗ってきれいにする」と処置を述べている。ここでは動詞に結果補語を伴っている。"把" 構文に補語を使うことは多いが、可能補語は使えない。

③　我 把 雨伞 带来 了。

ここでは目的語が "雨伞" で、動詞 "带" の後に方向補語が続く例。目的語の "雨伞" は「私の傘」のように特定されている。

④　你 把 房间 收拾收拾 吧。

目的語の "房间" を前に出し、後に「片付ける」という意味の "收拾" を置く。ここでは動詞を重ね型（p.139 参照）にしていて、単純な "收拾" ではないので "把" 構文が使える。ここでの "吧" は軽い命令のニュアンス。

　"把" 構文はこれまでの中国語の語順と違うので混乱する人も多いのですが、多くの場合、"把" 構文は「～を」に当たり、日本語と似た語順だと考えると分かりやすいです。後は動詞を単独で使わないよう注意しましょう。単独にしないよう、①"了" か "着" をつける、②"一下" をつけたり重ね型にしたりする、③可能補語以外の補語を続ける、④修飾語を使う、などの用法があります。

Tā bǎ qián huángěi nǐ le méiyǒu?
⑤ A：他 把 钱 还给 你 了 没有?

彼は君にお金を返したの？

Tā hái méi bǎ qián huángěi wǒ.
B：他 还 没 把 钱 还给 我。

「まだ」の"还"は"hái"、
「返す」の"还"は"huán"

彼はまだお金を返してくれていないんだ。

"把" 構文は "吗" 疑問文や反復疑問文も使えるが、"把没把" を使うことは少ない。否定形には基本的に "没" や "没有" を使い、"把" の前に置く。動詞の後に結果補語 "在""到""成""给" が続く場合は "把" 構文を用いる。

Kuài bǎ xíngli fàngxià ba.
⑥ 快 把 行李 放下 吧。

早く荷物を下ろしなさいよ。

Wǒ bǎ péngyou sòngdào chēzhàn le.
⑦ 我 把 朋友 送到 车站 了。

私は友だちを駅へ送っていった。

⑥⑦とも補語を伴う例。⑥は方向補語で、目的語である "行李" の移動を表す。⑦は結果補語 "到" が「到達」を表す。"车站" は「電車や地下鉄の駅」や「バスの停留所」などの意味。

Bié wàngle bǎ chuānghu suǒshàng.
⑧ 别 忘了 把 窗户 锁上。

窓に鍵をかけるのを忘れないで。

"别忘了…" で「～するのを忘れないように」という意味。"锁" は「施錠する」。"上" は方向補語の派生的用法で、「二つのものが合わさる」ことを表す。

Tā bǎ rénmínbì huànchéng měiyuán le.
⑨ 他 把 人民币 ｜ 换成　美元 了。
彼は人民元をアメリカドルに換えた。

Néng bu néng bǎ zhè piān wénzhāng fānyìchéng Hànyǔ?
⑩ 能 不 能 把 这 篇　文章 ｜ 翻译成 汉语?
この文章を中国語に翻訳してもらえませんか？

⑨⑩とも動詞の後に "成" をつけ、「変化」を表す。⑨は「人民元をアメリカ
ドルに」、⑩は「文章を中国語に」それぞれ変えることについて述べている。
"能" や "想" などの助動詞は "把" の前に置く。"能不能…?" は丁寧な依頼文。

Qǐng bǎ nín de hùzhào gěi wǒ kàn yíxià.
⑪ 请 把 您的 护照｜给 我 看 一下。
パスポートをちょっと見せてください。

"请…" も「どうぞ～してください」という丁寧な依頼に使う。"给我看一下"
や "给我看看" で「ちょっと見せて」という意味。パスポートの提示を促す
際の決まり文句。"把护照出示一下 bǎ hùzhào chūshì yíxià" とも言う。

Sūnzi bù xiǎoxīn bǎ shǒubiǎo nònghuài le.
⑫ 孙子 不 小心 把 手表　弄坏 了。
孫が不注意で腕時計を壊してしまった。

Wǒ bǎ yàoshi wàngzài fángjiān li le.
⑬ 我 把 钥匙 ｜ 忘在　房间 里 了。
私は鍵を部屋に忘れてしまいました。

"把" 構文は「失敗」や「うっかりしたこと」を表すこともできる。⑫の "弄"
はここでは「触る」「もてあそぶ」で、結果補語 "坏" は「壊す」の意味。⑬の "忘
在…了" は「～に忘れる」。"钥匙" は「鍵」のうちの「キー」を、⑧の "锁"
は「錠前」「ロック」を指す。

Step 29 受け身（"被"構文）

"被"＋人＋動詞

Wǒ bèi piàn le.

① 我被骗了。

私は騙されました。

Wǒ bèi huàirén piàn le.

② 我被坏人骗了。

私は悪い人に騙されました。

Wǒ de shū bèi názǒu le.

③ 我的书被拿走了。

私の本は持っていかれました。

Wǒ de shū bèi tā názǒu le.

④ 我的书被他拿走了。

私の本は彼に持っていかれました。

🔊 音声 107

被 bèi 介 ～される	批评 pīpíng 動 批判する、叱責する
骗 piàn 動 騙す	信用卡 xìnyòngkǎ 名 クレジットカード
坏人 huàirén 名 悪人	密码 mìmǎ 名 暗号、暗証番号
小偷 xiǎotōu 名 泥棒	雨 yǔ 名 雨
警察 jǐngchá 名 警察	淋 lín 動 濡れる
抓 zhuā 動 つかむ、捕まえる	湿 shī 形 濡れている
打扰 dǎrǎo 動 邪魔をする	表扬 biǎoyáng 動 表彰する、褒める
叫 jiào 介 ～される	深 shēn 形 深い
派 pài 動 派遣する、手配する	地 de 助 連用修飾語を作る
让 ràng 介 ～される	感动 gǎndòng 動 感動させる

「～された」ことを表す “被” 構文

　特定の対象について、それが「～された」という受け身の表現には「“被” 構文」が使えます。「動作の受け手＋ “被”（＋動作の行い手）＋動詞」の語順で、動詞は基本的に単独で使いません。受け身を表す介詞は “被” のほか、“叫” “让” “给” があり、ここでは “叫” “让” についても紹介します。

① 我 被 骗 了。

“被” の前の “我” は動作の受け手で “骗” は「騙す」なので、「私は騙された」となる。動詞は基本的に単独で使わず、ここでは “了” を伴っている。

② 我 被 坏人 骗 了。

①と比較すると、“被” の後に動作の行い手である “坏人” が追加されている。“坏” には「悪い」という意味があるので、“坏人” は「悪人」。このように “被” の後の動作の行い手は入れても入れなくても良い。

③ 我 的 书 被 拿走 了。

ここでは動作の受け手が “我的书” で、動詞 “拿” の後に結果補語が続く例。“被” 構文に補語を使うことは多いが、可能補語は使えない。なお、動作の受け手の “我的书” は特定されている。

④ 我 的 书 被 他 拿走 了。

③と比較すると、“被” の後に動作の行い手である “他” が追加されている。

　“被” 構文の説明は、見覚えのある内容が多くありませんか？ そう、Step28 で紹介したばかりの “把” 構文に似ています。実は “被” 構文と “把” 構文は裏表の関係にある場合が多いのです。

　“被” 構文　　 我 的 书 被 他　　　 拿走 了。

　“把” 構文　　 他　　　 把 我 的 书 拿走 了。

こうして並べてみると一目瞭然ですね。“被” 構文と “把” 構文は、逆の立場から見た文なのです。

225

Xiǎotōu bèi jǐngchá zhuāzhù le méiyǒu?

⑤ 小偷 被 警察 抓住 了 没有?

泥棒は警察に捕まったの？

> "被" 構文は "吗" 疑問文や反復疑問文も使えるが、"被没被" を使うことは少ない。否定形は基本的に "没" や "没有" を使う。"小偷" は「泥棒」で "偷" だけなら「盗む」という動詞。"抓" は「つかむ」「把握する」のほか「捕まえる」という意味があり、"住" は動作の安定や停止を表す補語。

Xiǎoshíhou wǒ méi bèi bàba dǎguo.

⑥ 小时候 我 没 被 爸爸 打过。

子供のころ、私は父にたたかれたことがない。

Wǒ bù xiǎng bèi rén dǎrǎo.

⑦ 我 不 想 被 人 打扰。

私は人に邪魔されたくはない。

> ⑥⑦とも否定形。⑥は "被打过"、つまり「たたかれた」という経験を "没" で否定している。⑦は "被打扰"、つまり「邪魔される」という状況を "不想" で表現している。なお、"被" 構文は「動詞を単独で使わない」という制限が "把" 構文ほど厳しくなく、2音節の動詞は⑦のように単独で使うことがある。

Tā jiào gōngsī pàidào Zhōngguó qù le.

⑧ 他 叫 公司 派到 中国 去 了。

彼は会社から派遣されて中国に行ったんだ。

Nǐ ràng lǎoshī pīpíngguo ma?

⑨ 你 让 老师 批评过 吗?

君は先生に怒られたことがあるかい？

> ⑧は "被" の代わりに "叫" が、⑨は "让" が使われている例。どちらも文型は同じだが、"叫" と "让" は口語でのみ使われ、"被" と違って動作の行い手（⑧は "公司"、⑨は "老师"）を省略することはできない。

Wǒ de xìnyòngkǎ mìmǎ bèi rén zhīdào le.
⑩ 我 的 信用卡 密码 被 人 知道 了。
クレジットカードの暗証番号を人に知られてしまった。

動作の受け手は "我的信用卡密码"、動作の行い手は特定されているかもしれないが、ここでは "人" と言っていて、わざわざ名前を明らかにしていない。"信用卡" は「クレジットカード」で "卡" は「カード」の意味。"密码" は「暗証番号」。

Yīfu bèi yǔ línshī le.
⑪ 衣服 被 雨 淋湿 了。
服は雨に濡れてしまった。

日本語では「雨で服が濡れた」だが、中国語では「雨によって服が濡らされた」と受け身で表現する。"湿" は結果補語で、"淋透了 líntòu le" ということもできる。"透" は程度が甚だしかったり徹底していることを表す。

Tā bèi lǎoshī biǎoyáng le.
⑫ 他 被 老师 表扬 了。
彼は先生に褒められた。

Wǒ bèi zhège gùshi shēnshēn de gǎndòng le.
⑬ 我 被 这个 故事 深深 地 感动 了。
私はこの物語に深く感動させられた。

"被" は本来、被害を受けたり不本意な目にあったりしたことを表現するが、⑫や⑬のように良い意味で使うこともある。⑫の "表扬" は「表彰する」や「褒める」の意味。⑬の "深深" は形容詞の重ね型、"地" は動詞や形容詞の後に置いて、その後の動詞を修飾する。

３つの "de"、"的""得""地" の区別

名詞／形容詞＋ "的" ＋名詞　　　　　他的书／美丽的风景
動詞／形容詞＋ "得" ＋形容詞／補語　来得早／累得要命
動詞／形容詞＋ "地" ＋動詞　　　　　努力地学习／简单地说
　＊中国では "地" を "的" と混同する場合も多い

Step 30 兼語文
"让" ＋人＋動詞　　"请" ＋人＋動詞

Yīshēng ràng wǒ zuò jiǎnchá.
① 医生 让 我 做 检查。
医者は私に検査をさせます。

Yīshēng jiào wǒ zhùyuàn.
② 医生 叫 我 住院。
医者は私を入院させます。

Dàifu bú ràng wǒ hē jiǔ.
③ 大夫 不 让 我 喝 酒。
先生は私に禁酒させます。

> "大夫" の "大" の発音は "dài"

Dàifu de huà shǐ wǒ gǎndào bēishāng.
④ 大夫 的 话 使 我 感到 悲伤。
先生の話は私を悲しませました。

> "感到" は後に感情などを続ける

让 ràng 動 許す、～させる	对不起 duìbuqǐ 動 申し訳ない
检查 jiǎnchá 動 調べる、検査する	久 jiǔ 形 久しい
住院 zhù//yuàn 動 入院する	介绍 jièshào 動 紹介する
大夫 dàifu 名 (医者を指して)先生	选 xuǎn 動 選ぶ
使 shǐ 動 ～させる	代表 dàibiǎo 名 代表
感到 gǎndào 動 感じる	性格 xìnggé 名 性格
悲伤 bēishāng 形 悲しい、切ない	开朗 kāilǎng 形 明るい
商店 shāngdiàn 名 商店	做事 zuò//shì 動 あることをする、仕事をする
些 xiē 量 いくつか、少し	认真 rènzhēn 形 真面目である
水果 shuǐguǒ 名 果物	

目的語も主語も兼ねちゃう「二刀流」！

　兼語文は２つの文が合体した形です。前の文の目的語が後の文の主語となり、前と後ろの文を掛け持ちするので「兼語文」と呼ばれます。兼語文は「～させる」という使役表現ができるほか、決まり文句などもあるのでしっかりマスターしましょう。

①　医生 让 我 做 检查。

　"让" は「受け身」では「～される」の意味だが、使役では「～させる」になる。1 つ目の文は「主語＝"医生"」＋「動詞＝"让"」＋「目的語＝"我"」で「医者は私にさせる」、２つ目の文は「主語＝"我"」＋「動詞＝"做"」＋「目的語＝"检查"」で１つ目の目的語と２つ目の主語が同じ "我" なので、「主語 1 ＋動詞 1 ＋ 目的語 1 ＝主語 2 ＋動詞 2 ＋目的語 2」となる。

②　医生 叫 我 住院。

　"叫" は口語表現で、「受け身」では「～される」だが、使役では「～させる」になる。「"医生叫我"＋"我住院"」で「"医生叫我住院"」となる。"住院" は離合詞で、「動詞（泊まる）＋目的語（病院）」から「入院する」。「退院する」は "出院 chūyuàn"。

③　大夫 不 让 我 喝 酒。

　使役の否定形。"不让" で「～させない」となる。つまり「医者は私に酒を飲ませない」から「医者は私に禁酒させる」という意味になる。"大夫" は「医師」を「先生」と呼ぶ口語表現。

④　大夫 的 话 使 我 感到 悲伤。

　"使" も使役で「～させる」の意味。ただ、"使" は実際に動作をさせるのではなく、「感動させる」や「向上させる」などに使う。ここでは禁酒されたことに対し、ユーモアを込めて "悲伤" を使っている。

> 　兼語文の "让" "叫" は "被" 構文でも出てきましたね。実はこの２種類は文型としては同じで、文脈によって区別をつけます。ほとんどはどちらかにしか訳さないのですが、文脈がないと両方の意味に取れる場合もあります。その例を見てみましょう。
>
> 　　　　　那 份 资料 让 同事 拿走 了。
> 　兼語文：あの資料を同僚に持っていかせました。
> 　"被" 構文：あの資料を同僚に持っていかれました。

Māma jiào wǒ qù shāngdiàn mǎi xiē shuǐguǒ.
⑤ 妈妈 叫 我 去 商店 买 些 水果。
お母さんは私に商店へ果物をいくつか買いにいかせます。

Lǎoshī bú ràng wǒmen shuōhuà.
⑥ 老师 不 让 我们 说话。
先生は私たちに話をさせない。

"叫""让" はどちらも「～させる」という意味だが、"叫" は「言い付けて～させる」、"让" は「(当人の望むように)～させる」という意味がある。⑤は「お母さんが私を店へ行かせる」、⑥は「先生が私たちに(自由に)話をさせる」ことを否定しているので、私語を禁止されている状況。

Duìbuqǐ, ràng nín jiǔ děng le.
⑦ 对不起, 让 您 久 等 了。
すみません、すっかりお待たせいたしました。

Ràng wǒ lái jièshào yíxià ba.
⑧ 让 我 来 介绍 一下 吧。
私にちょっと紹介させてくださいよ。

⑦⑧とも主語を伴わない場合。⑦は人を待たせたときの決まり文句で、"对不起" は可能補語を使った謝罪の表現。⑧は「私に～させて」という意味で、"让我们" は英語の "Let's…(～しましょう)" のように使われることも多い。"来" は他の動詞の前に置いて「積極的に～する」という意味がある。

Zuótiān, lǎobǎn qǐng dàjiā chīfàn.
⑨ 昨天, 老板 请 大家 吃饭。
昨日、社長はみんなにごちそうしてくれた。

"请" には「招待する」や「招いて来てもらう」という意味があり、"请…吃饭" で「～に食事をごちそうする」「～に食事をおごる」。"请医生" であれば「医者を呼ぶ」「医者に来てもらう」の意味。

Wǒ sòng nǐ huí jiā ba.
⑩ 我 送 你 回 家 吧。

僕が君を家まで送っていくよ。

"我送你" と "你回家" の２つの文から構成された兼語文。この文には特に使役の意味はない。

Wǒmen xuǎn tā dāng dàibiǎo le.
⑪ 我们 选 他 当 代表 了。

私たちは彼を代表に選んだ。

"我们选他" と "他当代表" の２つの文から構成された兼語文。"选" は「選ぶ」、"当" は「担当する」の意味。

Gāngcái yǒu rén zhǎo nǐ ne.
⑫ 刚才 有 人 找 你 呢。

さっきあなたを訪ねてきた人がいたよ。

"有人" と "人找你" の２つの文から構成された兼語文。"有" は主語のない兼語文を作ることができ、後の目的語は不特定。"找" は「探す」や「(人に会うために)訪ねる」の意味。

Wǒ xǐhuan tā xìnggé kāilǎng, zuòshì rènzhēn.
⑬ 我 喜欢 他 性格 开朗, 做事 认真。

私は彼の性格が明るくて物事に真面目に取り組むところが好きだ。

"喜欢" "讨厌" "感谢" のような、感情などを表す場合にも兼語文が使える。"做事" は「あることをする」や「仕事をする」、"认真" は「真面目である」の意味。

Step 31 反語文
疑問詞＋動詞句　"难道"＋動詞句　"怎么"＋動詞句

Tā bú shì zhīdào ma?
① 他 不 是 知道 吗?
彼は知っているよね。

Nǐ nándào bù zhīdào ma?
② 你 难道 不 知道 吗?
まさか知らないわけじゃないよね。

Tā zěnme huì zhīdào?
③ 他 怎么 会 知道?
彼が知っているはずはない。

Zhè jiàn shì, shéi huì zhīdào?
④ 这 件 事, 谁 会 知道?
このことについては、誰も知っているはずがない。

难道	nándào	副	まさか〜ではないだろう		
相信	xiāngxìn	動	信じる		
一直	yìzhí	副	ずっと		
以为	yǐwéi	動	〜と思い込む(基本的に事実と異なる場合に使う)		
帮助	bāngzhù	動	助ける、援助する		
撒谎	sā//huǎng	動	嘘をつく		
和	hé	介	〜と(〜する)、〜に対して(〜する)		
空	kòng	名	暇、隙間		
急	jí	形	焦る、やきもきする		

演出	yǎnchū	動	演じる、公演する
才	cái	副	やっと、〜してはじめて
项目	xiàngmù	名	項目、プロジェクト
复杂	fùzá	形	複雑である
工资	gōngzī	名	賃金
满意	mǎnyì	動	満足する、気に入る
帮忙	bāng//máng	動	手伝う
还是	háishi	接	〜か、それとも〜か
捣乱	dǎo//luàn	動	邪魔をする

「まさか」「そんなわけがない」、強い気持ちを表そう！

　相手に「まさか知らないっていうの？」という場合、話し手は相手が「絶対に知っている」と確信していますよね。形式的には質問の形をとっていますが、決して質問したいのではありません。中国語にもこういう「反語文」がいろいろあります。どんな表現があるのか見ていきましょう。

①　他 不 是 知道 吗?

"不是…吗?" は「〜じゃないの？」と「強い肯定」を表し、中に挟む部分を強調する。ここでは **"知道"** を強調し、話し手が「彼は知っている」と確信を持っている場合に使う。直訳は「彼は知っているんじゃないの？」。

②　你 难道 不 知道 吗?

"难道…吗?" は「まさか〜ではないだろう」と「強い否定」を表し、中に挟む部分を強調する。**"难道"** の後には否定形を続けることが多い。ここでは **"不知道"** を否定することで、話し手が「あなたは知っている」と確信を持っている場合の表現。直訳は「まさかあなたが知らないとでも言うのか？」。

③　他 怎么 会 知道?

"怎么会…?" は「どうして〜だろうか」と「強い否定」を表し、後に続く部分を強調する。ここでは **"知道"** を否定し、話し手が「彼は知らない」と確信を持っている場合に使う。直訳は「彼がどうして知っていることがあるだろうか？」。

④　这 件 事, 谁 会 知道?

"谁会…?" は「誰が〜だろうか」と誰一人例外がないという「強い否定」を表し、後に続く部分を強調する。ここでは **"知道"** を否定し、話し手が「誰もが知らない」と確信を持っている場合に使う。直訳は「このことについて、誰が知っているというんだろうか？」。

　反語文は文脈によって反語の意味が現れ、別の文脈では一般的な平叙文や疑問文になり得る場合も多くあります。例えば①の **"他不是知道吗?"** は「彼は知っているのではないのですか？」と純粋な疑問文としても使えます。

Wǒ bú shì hé nǐ shuōguo zhè jiàn shì ma?

⑤ 我 不 是 和 你 说过 这 件 事 吗?

このことについて私はあなたに話しましたよね。

"不是…吗？"の間に挟む内容を強く肯定している。"和你说过"は「あなたに話したことがある」で、"这件事"について忘れていたり行わなかったりした相手に対し、「言ったよね」と非難するような場合に使われる。"没…吗？"も可。

Nándào nǐ bù xiāngxìn wǒ ma?

⑥ 难道 你 不 相信 我 吗?

まさか私を信じないって言うの？

Nándào nǐ yìzhí zài děng wǒ ma?

⑦ 难道 你 一直 在 等 我 吗?

まさかずっと私を待っていたの？

Nándào nǐ yǐwéi yǒu rén huì bāngzhù nǐ ma?

⑧ 难道 你 以为 有 人 会 帮助 你 吗?

まさか誰かがあなたを助けてくれるとでも思っているの？

⑥⑦⑧とも "难道…吗？" だが、意味合いが微妙に異なる。⑥は当然信じてもらえるだろうと思っていた相手から疑われた場合などに非難を込めて、⑦は待っていると思わなかった相手が待っていた場合に驚きを込めて、⑧は相手の甘い考えに対して叱責する意味で使っている。⑧の "以为" は「～と思う」だが、"认为" と異なり「間違った思い込み」に使うことが多い。

Tā zěnme huì sāhuǎng ne?

⑨ 他 怎么 会 撒谎 呢?

彼が嘘をつくはずないじゃない。

"怎么会…？" は「どうして～だろうか」、"撒谎" は「嘘をつく」なので、「どうして嘘をつくだろうか」から「嘘をつくはずはない」。文末の "呢" はここでは疑問の気持ちを強める。

Wǒ nǎr yǒu kòng?

⑩ 我 哪儿 有 空?

私に暇なんかあるわけがない。

Jí shénme? Yǎnchū bā diǎn cái kāishǐ ne.

⑪ 急 什么? 演出 八 点 才 开始 呢。

何を急いでるの? 公演は8時にようやく始まるんだよ。

Zhège xiàngmù yǒu shénme fùzá de?

⑫ 这个 项目 有 什么 复杂 的?

このプロジェクトの何が複雑だっていうんだ。

⑩⑪⑫はすべて疑問詞を用いた表現。⑩の "哪儿有空?" は「どこに暇があるのか」から「暇などあるわけがない」、⑪の "急什么?" は「何を急ぐのか」から「急ぐ必要はない」、⑫の "有什么复杂的?" は「何が複雑なのか」から「複雑なところなどない」という意味になる。⑩の "空" は「空いた時間や場所」を表す。"空" を "时间" にしても良い。⑪の "才" は「やっと」「ようやく」の意味。

Gōngzī nàme gāo, nǐ hái bù mǎnyì?

⑬ 工资 那么 高, 你 还 不 满意?

給料がそんなに高いのに、まだ満足しないの?

"还" は「まだ」「依然として」の意味なので、"还不满意?" で「まだ不満なのか?」とたしなめる場合などに使う。

Nǐ shì lái bāngmáng de, háishi lái dǎoluàn de?

⑭ 你 是 来 帮忙 的, 还是 来 捣乱 的?

君は手伝いに来たのか、それとも邪魔しに来たのか?

"是 A 还是 B" は選択疑問文と呼ばれ、「A か、それとも B か」という意味。ここでは、手伝いに来た相手が邪魔をしているようなものだと、若干の非難や皮肉を込めている。"帮忙" は⑧の "帮助" と意味は似ているが、"帮助" は援助や精神的支援にも使う。なお、"帮忙" は離合詞なので後に目的語は置かない。

1. 次の中国語を正しく並べ替えましょう。

(1) 私は日本で中国語を学んだのです。

在　　的　　是　　汉语　　学　　我　　日本

＿＿＿＿＿＿＿＿＿＿＿＿＿＿＿＿＿＿＿＿＿。

(2) ドアを閉めてください。

把　　上　　请　　关　　门。

＿＿＿＿＿＿＿＿＿＿＿＿＿＿＿＿＿＿＿＿＿。

(3) 私は友人に紹介されてやって来たのです。

朋友　　来　　被　　的　　是　　我　　过　　介绍

＿＿＿＿＿＿＿＿＿＿＿＿＿＿＿＿＿＿＿＿＿。

(4) (父方の) おじいさんは私に果物を持って行かせた。

走　　我　　水果　　让　　把　　带　　爷爷

＿＿＿＿＿＿＿＿＿＿＿＿＿＿＿＿＿＿＿＿＿。

(5) あなた、よくもそんなことが言えますね。(※方向補語を用いて)

能　　你　　的　　说　　话　　出　　这样　　怎么

＿＿＿＿＿＿＿＿＿＿＿＿＿＿＿＿＿＿＿＿＿?

2. 次の中国語を日本語に訳しましょう。

（1）我一定要把这个作品写完。

_____ 。

（2）奶奶让我把她送回家。

_____ 。

（3）请把口袋里的东西拿出来。

_____ 。

（4）今天人怎么这么多？

_____ ？

（5）你怎么现在才来？

_____ ？

3. 次の日本語を中国語に訳しましょう。

（1）私は車を運転して来たのです。

_____。

（2）傘を持って帰ってください。（※複合方向補語を使って）

_____。

（3）私は病院まで送ってもらった。

_____。

（4）社長は私を出張に行かせた。

_____。

（5）あなた、まさか来ないって言うの？

_____？

"把" 構文と通常の文は何が違うの？

"把" 構文の基本的な構造は、「"把" ＋目的語＋動詞＋α（結果補語や方向補語など）」です。目的語を動詞の前に置く点は日本語の「～を～する」の語順と似ていますね。ただ、「動詞が単独で使えない」と言われて、苦手意識を持つ方も多いのではないでしょうか。「"把" 構文を使った文と通常の文はどう違うの？」「普通の文でいいなら、わざわざ "把" 構文を使う意味、ある？」と言いたくなりますね。では、「なぜ "把" 構文なのか」を見ていきましょう。

「ドアを閉めてください」を中国語に訳してみます。

① 请关门。 （ドアを閉めてください。）
② 请关上门。 （ドアを閉めてください。）
③ 请把门关上。（ドアを閉めてください。）

実はこの３つには、微妙にニュアンスの違いがあります。①は動詞だけなので、淡々としています。あくまでドアを閉める動作だけで、ドアがカチッと閉まるところまでは気にしていていません。②は方向補語の派生的用法である "上"（合わせる）がつくことで、ドアがきちんと閉まるところまで表現されています。③は目的語の "门"（ドア）が前にあるので、「そのドアを」と対象がはっきり特定され、さらに動詞に方向補語派生用法 "上"（合わせる）がつくことで、「（そのドアを）どうしてほしい」という気持ちが十分伝わります。

つまり、「ドアをきちんと閉めてください」「ちゃんとドアを閉めなさい」を中国語で表現したければ、一番近いのは "把" 構文の③になるのです。

なお、"把" 構文は命令文や依頼文で使うことがよくあります。「何をどうしてほしい」の「何」をはっきりさせて、さらに「どうしてほしいのか」を細かく指定できるので、命令文や依頼文と相性が良いのかもしれません。

また、"把" 構文は「弟が僕のパソコンを壊してしまった」「あの子ったら、私の漫画を持って行っちゃった」のように「責任の所在」や「被害者意識」を表したい場合にも使えます。

弟弟把我的电脑弄坏了。 （弟が私のパソコンを壊した。）
那个孩子把我的漫画拿走了。（あの子は私の漫画を持ち去った。）

目的語を特定し、さらにそれらの処置や処分の方法を補語で表現する "把" 構文だからこそ、「責任の所在」や「被害者意識」を表す文とも結びつきが強いと言えそうです。

中国語は状況描写が非常に細かい言語です。"把" 構文や補語をうまく使いこなし、自分が見たものや経験したことを生き生きした中国語で伝えられるようにしましょう。

Step 32 繰り返しの呼応文
A…, A…　　…A, …A

① Zánmen yìbiān hē guǒzhī yìbiān liáotiānr ba.
咱们 一边 喝 果汁 一边 聊天儿 吧。
私たち、ジュースを飲みながらおしゃべりしましょうよ。

② Dǔchē yuè lái yuè yánzhòng le.
堵车 越 来 越 严重 了。
渋滞はどんどんひどくなった。

③ Nǐ xiǎng chī shénme, jiù chī shénme.
你 想 吃 什么, 就 吃 什么。
あなたが食べたいものを食べなさい。

④ Shéi xiān lái, shéi xiān xuǎn.
谁 先 来, 谁 先 选。
先に来た人から選びなさい。

🔊 音声 113

一边	yìbiān	副	"一边…一边…"で「～しながら～する」		
果汁	guǒzhī	名	フルーツジュース		
聊天儿	liáo//tiānr	動	おしゃべりをする		
堵车	dǔ//chē	動	(車が)渋滞する		
越	yuè	副	ますます		
严重	yánzhòng	形	厳しい、重大である		
海鲜	hǎixiān	名	新鮮な海産物		
又	yòu	副	また、かつ、さらに		
新鲜	xīnxiān	形	新鮮である		
好吃	hǎochī	形	おいしい		
或者	huòzhě	接	あるいは、あるものは～する		
散步	sàn//bù	動	散歩する		
体操	tǐcāo	名	体操		
行	xíng	動	良いと思う		
虫牙	chóngyá	名	虫歯		
治疗	zhìliáo	動	治療する		
恢复	huīfù	動	回復する、取り戻す		
效果	xiàoguǒ	名	効果、効き目		
回答	huídá	動	回答する、答える		

「呼びかけ」と「答え」、セットで特別な意味が表せる！

　「呼応」とは「呼びかけ」と「答え」、文法用語としては、ある語とそれに結び付く特定の語が決まった関係性を持つことです。日本語なら「決して〜ない」や「まるで〜みたい」のような表現で、二つの語には強い結び付きがあります。ここでは前後が同じ語の呼応表現を集めてみました。

①　咱们 一边 喝 果汁 一边 聊天儿 吧。

“一边 A 一边 B” は「A しながら B する」と A と B の動作を同時に行う並列関係を表す。“咱们” は聞き手を含めた「私たち」、“聊天儿” は「おしゃべりをする」で、「チャット」などにも使う。

②　堵车 越 来 越 严重 了。

“越来越…” は「どんどん〜になる」「ますます〜になる」で、時間が経つにつれてその状況が強まることを表す。“堵” は「ふさぐ」「詰まる」なので、“堵车” で「渋滞する」。

③　你 想 吃 什么，就 吃 什么。

疑問詞の呼応文は「不特定」を指し、“什么” は「何か」の意味。ここでは前半の “想吃什么” は「食べたいもの」、後半の “吃什么” は「それを食べる」で、“什么” は同じ「何か」を指している。

④　谁 先 来，谁 先 选。

ここでは疑問詞が “谁” なので「不特定の誰か」を指す。ここでは前半の “谁先来” は「先に来た人」、後半の “谁先选” は「その人が先に選ぶ」で、“谁” は同じ「誰か」を指している。「選択する」は “选择 xuǎnzé” も使う。

　中国語の文は「単文」と 2 つの文で構成された「複文」に分けられ、単文は通常「主語＋述語」で構成されています（例外的に主語のない「非主述文（p.164 ④参照）」もあります）。ただし、「単文」でありながら、「複文」のように 2 つのことを述べる「緊縮文」という文形もあります。“越 A 越 B” はその代表例であり、「〜が A である」「〜が B である」の二つの意味を連動させています。呼応文はポーズを置かず、一息に読む場合もあります。

Zhèli de hǎixiān yòu xīnxiān yòu hǎochī.

⑤ 这里 的 海鲜 又 新鲜 又 好吃。

ここの海産物は新鮮でおいしいです。

"又 A 又 B" は「A であり B でもある」で、A と B の 2 つの性質や状況を
どちらも備えていることを表す。"也 A 也 B" を使うこともある。

Zài gōngyuán, rénmen huòzhě sànbù huòzhě zuò tǐcāo.

⑥ 在 公园, 人们 或者 散步 或者 做 体操。

公園で人々は散歩をしたり体操をしたりしている。

Huòzhě nǐ lái, huòzhě wǒ qù, dōu xíng.

⑦ 或者 你 来, 或者 我 去, 都 行。

君が来ても僕が行っても、どちらでもいいよ。

⑥⑦とも "或者 A 或者 B" だが、⑥は「あるものは A し、あるものは B す
る」であるのに対し、⑦は「A あるいは B」と同格や選択を表す。"都" は「す
べて」、"行" は「良い」「かまわない」という意味。

Chóngyá de zhìliáo yuè zǎo yuè hǎo.

⑧ 虫牙 的 治疗 越 早 越 好。

虫歯の治療は早ければ早いほど良い。

Yuè zǎo zhìliáo, huīfù xiàoguǒ yuè hǎo.

⑨ 越 早 治疗, 恢复 效果 越 好。

早く治療すればするほど、回復の効果は良くなる。

②の "越来越…" は時間が経つにつれてその状況が強まることを表すが、"越
A 越 B" の場合は「A につれて B になる」という意味で、"越多越好" なら「多
ければ多いほど良い」、"越大越贵" なら「大きければ大きいほど値段が高い」。
⑨のように間にほかの言葉を挟むこともできる。

Nǐ shénme shíhou fāngbiàn,　shénme shíhou lái.

⑩ 你 什么 时候　方便，什么 时候 来。

君は都合の良いときに来ればいいよ。

ここでは疑問詞が "什么时候" なので「不特定の時間」を指す。"方便" は「便利である」のほかに「都合が良い」という意味もあるので、"什么时候方便" は「いつでも都合の良いとき」、後半の "什么时候来" は「そのときに来る」となる。"什么时候" は同じ「時間」を指している。

Nǐ yào duōshao,　wǒ jiù gěi nǐ duōshao.

⑪ 你要 多少，我 就 给你 多少。

君が欲しいだけあげるよ。

Nǐ xiǎng qù nǎr,　jiù qù nǎr.

⑫ 你 想 去 哪儿，就 去 哪儿。

君は行きたいところへ行けばいい。

> 一息で読む場合、前の "哪儿" は半3声 (p.54 参照)になる

Nǐ xǐhuan zěnme zuò,　jiù zěnme zuò.

⑬ 你 喜欢 怎么 做，就 怎么 做。

君はしたいようにすればいい。

⑪⑫⑬とも疑問詞を用いた表現。⑪の "要多少" は「欲しい量」、⑫の "想去哪儿" は「行きたいところ」、⑬の "喜欢怎么做" は「したいようにする」で、すべて聞き手の望みに制限をかけず、「思うままに」という意味がある。ただし、特に⑫や⑬は文脈によっては「勝手にしろ」という意味合いを持つこともある。

Shéi zhīdào zhège,　shéi huídá.

⑭ 谁 知道 这个，谁 回答。

誰かこれを知っている人がいれば答えなさい。

前半の "谁知道这个" で「誰か知っている人」と条件を出している。後半の "谁回答" は「その人が答える」で、やはり "谁" は同じ人を指す。

Step 33　複文① 並列、累加
"一"A，"就"B　　"先"A，"然后"B

① Wǒ yì qǐchuáng, jiù quèrèn yóujiàn.
　我 一 起床，就 确认 邮件。
　私は起きるとすぐにメールをチェックします。

② Wǒ xiān xǐ liǎn, ránhòu shuāyá.
　我 先 洗 脸，然后 刷牙。
　私は顔を洗ってから歯を磨きます。

③ Zhèli búdàn yǒu tǐyùguǎn, hái yǒu jiànshēnfáng.
　这里 不但 有 体育馆，还 有 健身房。
　ここには体育館だけでなく、ジムもある。

④ Wǒ yǔqí zhù bīnguǎn, bùrú zhù zhèli.
　我 与其 住 宾馆，不如 住 这里。
　ホテルに泊まるより、むしろここに泊まるほうがいい。

🔊 音声 115

起床	qǐ//chuáng	動	起床する	
确认	quèrèn	動	確認する	
邮件	yóujiàn	名	郵便物、メール	
脸	liǎn	名	顔	
然后	ránhòu	接	それから	
刷牙	shuā//yá	動	歯を磨く	
不但	búdàn	接	〜のみならず	
体育馆	tǐyùguǎn	名	体育館	
健身房	jiànshēnfáng	名	トレーニングジム	
与其	yǔqí	接	〜より（むしろ）	
宾馆	bīnguǎn	名	ホテル	

冬天	dōngtiān	名	冬
感冒	gǎnmào	動	風邪をひく
得知	dézhī	動	知る、情報を得る
决定	juédìng	名	決定
男装	nánzhuāng	名	紳士服
女装	nǚzhuāng	名	婦人服
倒不如	dào bùrú		むしろ〜のほうが良い
艺术家	yìshùjiā	名	芸術家
宁可	nìngkě	副	むしろ、いっそ
吃苦	chī//kǔ	動	苦労する

「まず」「次に」「さらに」、欲張りに増やしていこう！

Step32 でも "又Ａ又Ｂ" のような「並列」が出てきましたが、ここでは二つ以上の語句を並べる「**並列**」のほか、新しい語句を追加していく「**累加**」、選択肢を並べたり比較して評価したりする「**選択**」などの表現を紹介します。文の要素を増やすことで、より複雑な内容が話せるようになりますね。

① 我 一 起床，就 确认 邮件。

"一Ａ，就Ｂ" は「並列」の関係で、「ＡしたらすぐＢする」とＡとＢの動作が間をおかず連続して行われることを表す。"**邮件**" は「郵便物」の意味で「電子メール」にも使う。

② 我 先 洗 脸，然后 刷牙。

"先Ａ，然后Ｂ" は「ＡをしてからＢをする」と動作の順番を表す。"先" を "首先" とする場合もある。"**刷**" はブラシや刷毛で「洗う」「磨く」という意味で、「水平にこする動作」から「クレジットカードの決済（スキャン）」や「スマートフォンのスワイプ」にも使う。

③ 这里 不但 有 体育馆，还 有 健身房。

"不但Ａ，还Ｂ" は「Ａだけでなく、Ｂも」と「累加（「追加」の意味）」の関係を表す。"不但" のほか、"不仅 bùjǐn""不光 bùguāng" を使うこともある。また、"还" の代わりに "也""而且 érqiě""并且 bìngqiě" も可。"不但" は省略しても良い。

④ 我 与其 住 宾馆，不如 住 这里。

"与其Ａ，不如Ｂ" は「Ａするよりも、むしろＢ」と「選択」の関係を表す。"不如Ｂ" は「Ｂに及ばない」で、ＡよりもＢのほうが良いという意味。"**住**" は「住む」「泊まる」。"与其" は省略しても良い。

二つの単文が連結して一つの文になり、兼語文と違ってそれぞれの単文が他の単文の要素になっていないものを「複文」と呼びます。複文には呼応表現を伴うことが多く、それによって「原因」「結果」「条件」「仮定」など、複文を構成する単文（"**分句 fēnjù**"）同士の関係性が分かります。

Yí dào dōngtiān, wǒ jiù gǎnmào.

⑤ 一 到 冬天，我 就 感冒。

冬になると私は風邪をひきます。

> "一到冬天" は「冬になると」、"感冒" はここでは動詞で「風邪をひく」だが、
> 名詞で使うこともあり、その場合の動詞は "得 dé" で "得感冒" となる。

Yì tīngdào zhège yīnyuè, wǒ jiù xiǎngqǐ tā lái.

⑥ 一 听到 这个 音乐，我 就 想起 他 来。

この音楽を聴くと、私は彼のことを思い出す。

Yì dézhī tā de xiāoxi, wǒ jiù gěi nǐ dǎ diànhuà.

⑦ 一 得知 他 的 消息，我 就 给 你 打 电话。

彼の知らせを聞いたら、すぐ君に電話するよ。

> ⑥⑦とも "一 A 就 B" で、前半の句をきっかけとして後半の句が行われる
> という状況を表す。⑥の "听到" は結果補語、"想起他来" は方向補語の派生
> 的用法を用いた表現。⑦の "得知" は「今、情報を知った」という場合に使う。
> "消息" は「ニュース」「情報」「知らせ」などの意味。

Wǒ xiān mǎi dàngāo, ránhòu qù tā jiā wánr.

⑧ 我 先 买 蛋糕，然后 去 她 家 玩儿。

私は先にケーキを買って、彼女の家へ遊びにいく。

Wǒmen xiān shāngliang yíxià, ránhòu zuòchū juédìng.

⑨ 我们 先 商量 一下，然后 做出 决定。

我々はまず少し相談して、それから決定する。

> ⑧⑨とも "先 A，然后 B" で、動作の行われる順番を表す。⑧は後半の単文
> が連動文で、二つの動詞を伴っている。⑨の "决定" も "感冒" と同じく名
> 詞と動詞の用法があり、ここでは名詞として方向補語を伴った動詞の "做出"
> が使われている。

Nín shì yào mǎi nánzhuāng, háishi nǚzhuāng?
⑩ 您 是 要 买 男装,‖ 还是 女装?
紳士服と婦人服のどちらをお求めですか？

"是A，还是B" で、「A、それともB」と「選択」を表す「選択疑問文」。なお、「男性」と言う場合は "男性 nánxìng"、「男の子」には "男孩儿 nánháir"、「彼氏」には "男朋友 nánpéngyou" を使う。

Yǔqí nǐ qù, hái bùrú wǒ qù.
⑪ 与其 你 去,‖ 还 不如 我 去。
君が行くより私が行ったほうがまだましだ。

"与其A，不如B" は「Aするよりも、むしろB」と「選択」の関係を表す。"还不如" は「Bにまだ及ばない」「Bのほうがまだましだ」という意味。

Tā yǔqí shuō shì yǎnyuán, dào bùrú shuō shì yìshùjiā.
⑫ 他 与其 说 是 演员,‖ 倒 不如 说 是 艺术家。
彼は俳優というよりも、むしろ芸術家といったほうが良い。

"与其说是A，倒不如说是B" は「Aというよりも、むしろBというほうがふさわしい」という意味。"艺术" は「芸術」で、"艺术家" は「芸術家」や「アーティスト」。

Wǒ nìngkě zìjǐ chīkǔ, yě yào ràng háizi shàng dàxué.
⑬ 我 宁可 自己 吃苦,‖ 也 要 让 孩子 上 大学。
自分が苦労したとしても、子供を大学に行かせたい。

"宁可A，也要B" は「むしろAしたとしても、Bする」という意味で、"宁可A，也不B" であれば「むしろAしたとしても、Bしない」となる。Aに「通常なら望まないこと」などを入れ、「BをするためならAも厭わない」という場合に使う。"吃苦" は「苦労する」、"上大学" は「大学に進学する」、ここでは "让" を使った使役表現。

発音

基礎知識

文法

資料

Step 34 複文② 仮定、条件
"如果"A,"就"B　　"只要"A,"就"B

① Rúguǒ yǒu shénme shì, jiù gěi wǒ dǎ diànhuà.
如果 有 什么 事, 就 给 我 打 电话。
もしも何かあれば、私に電話してください。

② Zhǐyào yǒu jiārén, wǒ jiù hěn xìngfú.
只要 有 家人, 我 就 很 幸福。
家族さえいれば、私は幸せです。

③ Zhǐyǒu nǔlì gōngzuò, cái néng qǔdé chénggōng.
只有 努力 工作, 才 能 取得 成功。
頑張って仕事をすることでのみ、成功が得られる。

④ Wǒ wúlùn rúhé dōu ràng nǐ xìngfú.
我 无论 如何 都 让 你 幸福。
何があってもあなたを幸せにします。

只要	zhǐyào	接	〜でさえあれば	预订	yùdìng	動 予約注文する
家人	jiārén	名	家族	座位	zuòwèi	名 座席
幸福	xìngfú	形	幸福である	开心	kāixīn	形 楽しい
只有	zhǐyǒu	接	〜してはじめて	高兴	gāoxìng	形 うれしい
取得	qǔdé	動	取得する、得る	即使	jíshǐ	接 たとえ〜でも
成功	chénggōng	動	成功する	坚持	jiānchí	動 堅持する、やり抜く
无论	wúlùn	接	どんなに〜でも	时候	shíhou	名 （〜の）とき、（〜の）ころ
如何	rúhé	代	どのように	放松	fàngsōng	動 リラックスする、緩める
完成	wán//chéng	動	完成する	不管	bùguǎn	接 〜であっても、〜を問わず
关系	guānxi	名	関係、影響	麻烦	máfan	形 煩わしい、面倒である

発　音

基礎知識

「もしも」「仮に」、先を見越すって大事！

　ここでは「仮定」と「条件」の代表的な用法について見ていきましょう。「仮定」には「もしも～なら」のような「順接」のほか、「たとえ～でも」のような「逆接」もあります。「条件」には「～でさえあれば」の「必要条件」、「～だけ」の「唯一条件」、「～に関わりなく」の「無条件」などがあります。

①　如果 有 什么 事，就 给 我 打 电话。

> "如果 A，就 B" は「仮定」の表現で、「もしも A であれば B する」と A が発生すれば B が行われることを表す。"**什么事**" は「何か」の意味。"如果" は省略しても良い。

②　只要 有 家人，我 就 很 幸福。

> "只要 A，就 B" は「A でさえあれば B だ」と、A の条件が満たされていれば B が満たされるという意味を表す。"**家人**" は「家族」の意味で、"**家族**" は「一族」。"只要" は省略しても良い。

③　只有 努力 工作，才 能 取得 成功。

> "只有 A，才 B" は「A することでのみ、B となる」「A をしてはじめて、B となる」と A の条件が満たされることではじめて B になるという意味を表す。"只有" は省略しても良い。

④　我 无论 如何 都 让 你 幸福。

> "无论 A，都 B" は「どんなに A でも、B である」といかなる場合でも B が行われるという意味を表す。"无论如何" は「どんなことがあっても」「どうしても」。"**让你幸福**" は "**让**" を使った使役表現。

文

法

資　料

　呼応表現には "**就**""**还**""**都**""**也**""**才**" など、しばしば登場するものがあります。ここで、基本的な意味を確認しておきましょう。"**就**" は「すぐ」「まさに」「～のみ」、"**还**" は「まだ」「さらに」「～でさえ」「まあまあ」、"**都**" は「すべて」、"**也**" は「～も」「たとえ～でも」「～さえも」、"**才**" は「やっと」「たった今」「わずか」などがあります。たくさん例文を見ることで、徐々にイメージを確立していきましょう。

⑤ Rúguǒ shì wǒmen, jiù kěyǐ wánchéng.
如果 是 我们, 就 可以 完成。
もしも私たちなら、完成することができます。

"如果 A, 就 B" は「もしも A であれば B する」なので、「もしも私たちなら完成できる」と自薦する場合などに使える表現。

⑥ Rúguǒ nǐ méi yìjiàn de huà, wǒmen jiù yùdìng zuòwèi ba.
如果 你 没 意见 的 话, 我们 就 预订 座位 吧。
もしもあなたが良ければ、座席を予約しましょう。

⑦ Rúguǒ huì shuō Hànyǔ, nàme nǐ huì hěn kāixīn.
如果 会 说 汉语, 那么 你 会 很 开心。
もしも中国語が話せたら、すごく楽しいよ。

⑥の "如果…的话" は「もしも~であれば」という決まり文句、また、⑦のように "就" の代わりに "那么" を使っても良い。⑥の "没意见" は「かまわない」「異論がない」という意味で、"没问题" としても良い。⑦の二つの "会" は意味が違い、前は「~できる」、後は「~のはずだ」。

⑧ Yàoshi nǐ xǐhuan de huà, wǒ jiù hěn gāoxìng.
要是 你 喜欢 的 话, 我 就 很 高兴。
もしもあなたが気に入ってくれれば、私はとてもうれしい。

⑨ Yàoshi néng zài Zhōngguó jiàndào nǐ, jiù hǎo le.
要是 能 在 中国 见到 你, 就 好 了。
もしも中国であなたに会えれば、うれしいです。

⑧⑨とも "要是 A 就 B" で、「もしも A であれば B する」という意味。⑨の "就好了" は「~だといいなあ」や「~だといいのに」などに使う。"要是" は省略しても良い。

⑩
Jíshǐ wǒ yí ge rén,　yě huì jiānchíxiàqu.

即使 我 一 个 人，也 会 坚持下去。

たとえ私一人になっても、やり抜きます。

⑪
Wǒ jíshǐ dào yèli,　yě hái zài děng tā de diànhuà.

我 即使 到 夜里，也 还 在 等 他 的 电话。

私はたとえ深夜になっても、彼の電話を待ちます。

> "即使 A, 也 B" で、「たとえ A でも、B だ」と「逆接」の意味を表す。⑩の "坚持" は「堅持する」「やり抜く」の意味。⑪の "在" は「～し続ける」、つまり、その動作を継続していくという意味。"即使" は省略しても良い。

⑫
Zhǐyào shì wǒ néng zuòdào de shìqing,　wǒ dōu xiǎng zuò.

只要 是 我 能 做到 的 事情，我 都 想 做。

私ができることであれば、すべてやりたいと思います。

⑬
Zhǐyǒu háizi shuìjiào de shíhou,　wǒ cái néng fàngsōng.

只有 孩子 睡觉 的 时候，我 才 能 放松。

子供が寝たときだけ、私はやっとのんびりできる。

> ⑫の "只要 A, 就 B" は「A でさえあれば、B だ」、⑬の "只有 A, 才 B" は「A することでのみ、B となる」「A をしてはじめて、B となる」の意味なので、混同しないよう注意。"只要" "只有" は省略しても良い。

⑭
Bùguǎn zuò shénme,　wǒ dōu juéde máfan.

不管 做 什么，我 都 觉得 麻烦。

何をするにしても、面倒に感じる。

> "不管 A, 都 B" は「A にかかわらず、すべて B だ」という意味で、"不管做什么" は「何をするにしても」「何をするかにかかわらず」と、条件に関わらず結果が変わらない場合の表現。"麻烦" は「煩わしい」「面倒だ」。なお、「お手数ですが～」というときは "麻烦您…" を使う。

■))音声 118

Step 35 　複文③ 因果、逆接

因为 A, 所以 B　既然 A, 就 B　虽然 A, 但是 B

Yīnwèi nǐ lèi le, suǒyǐ zǎodiǎnr xiūxi ba.
① 因为 你 累 了, 所以 早点儿 休息 吧。
あなたは疲れているんだから、早めに休みなさいよ。

Jìrán nǐ lèi le, jiù zǎodiǎnr xiūxi ba.
② 既然 你 累 了, 就 早点儿 休息 吧。
あなたは疲れているからには、早めに休みなさいよ。

Suīrán wǒ lèi le, dànshì háishi xiān bǎ gōngzuò zuòwán.
③ 虽然 我 累 了, 但是 还是 先 把 工作 做完。
私は疲れているが、やはり仕事を先に終わらせないといけない。

Suīrán wǒ lèi le, dànshì guò de hěn kāixīn.
④ 虽然 我 累 了, 但是 过 得 很 开心。
疲れはしましたが、やはり楽しく過ごせました。

■))音声 119

因为	yīnwèi	接	～なので、～だから	勉强	miǎnqiǎng	動	無理強いする
所以	suǒyǐ	接	～だからである	寂寞	jìmò	形	寂しい
休息	xiūxi	動	休む、寝る	哭	kū	動	泣く
既然	jìrán	接	～した以上は、～であるからには	难过	nánguò	形	つらい、悲しい
虽然	suīrán	接	～であるが	再见	zàijiàn	動	さようなら、また会おう
但是	dànshì	接	しかし	几乎	jīhū	副	ほとんど、ほぼ
安排	ānpái	動	手配する	用	yòng	動	使う、用いる
毛病	máobìng	名	故障、病気	办法	bànfǎ	名	方法、やり方
使用	shǐyòng	動	使用する	不过	búguò	接	ただし、ただ
不必	búbì	副	～するに及ばない				

「〜だから」「〜だけど」、物事は単純じゃないから面白い！

　ここでは「**因果**」と「**逆接**」の代表的な用法について見ていきましょう。「**因果**」は「〜だから〜だ」のように原因と結果を述べる「因果関係」を表します。原因と結果は順接になります。逆に「**逆接**」は「〜であるが〜だ」のように「逆接関係」を表します。

①　因为 你 累 了，所以 早点儿 休息 吧。

"因为 A，所以 B"は「因果」の表現で、「A だから B だ」と順接の関係を表す。"因为""所以" のどちらかを省略しても良い。

②　既然 你 累 了，就 早点儿 休息 吧。

"既然 A，就 B"も「因果」の表現で、「A であるからには B だ」「A である以上は B だ」と順接の関係を表す。"既然""就" のどちらかを省略しても良い。

③　虽然 我 累 了，但是 还是 先 把 工作 做完。

"虽然 A，但是 B" は「A だが、しかし B だ」という逆接関係を表す。後半部分は "**把工作做完**" と "**把**" 構文の形をとっている。"虽然""但是" のどちらかを省略しても良い。

④　虽然 我 累 了，但是 过 得 很 开心。

③と同じく "虽然 A，但是 B" の逆接を表す文。③は前半の「疲れたこと」とは別のこととして後半の「残っている仕事を片付けないといけない」が続くが、④は前半の「疲れた」と後半の「楽しく過ごした」はどちらも同じことについて、プラス面とマイナス面を述べている。

　中国語の呼応表現には省略可能なものが少なくありません。それは "**就**""**还**""**才**""**但是**" など後半で呼応する単語の意味で、前後関係が明白になる場合が多いためです。つまり、接続詞の意味を押さえておくと、中国語が少しぐらい長くなっても、迷子になることは減ります。また日常会話から書き言葉まで実に表現豊かなので、使える言い回しを徐々に増やしていきましょう。

発音

基礎知識

文法

資料

Yīnwèi dǔchē,　　suǒyǐ chídào le.

⑤ 因为 堵车,‖ 所以 迟到 了。

渋滞に巻き込まれたので、遅れました。

Yīnwèi hěn lěng,　suǒyǐ yào zhùyì shēntǐ.

⑥ 因为 很 冷,‖ 所以 要 注意 身体。

寒いので、身体に注意してください。

⑤⑥とも "因为 A, 所以 B" の文型だが、⑤は前半後半ともすでに起こった
ことについて、⑥は前半で現在、後半は命令文の形で未来のことについて
述べている。「体を大事にする」は "保重 bǎozhòng" を使うことも多い。

Yīnwèi hòutiān yǒu ānpái,　wǒ bù néng cānjiā.

⑦ 因为 后天 有 安排,‖ 我 不 能 参加。

明後日は予定があるから、私は参加できない。

Diàntī chūle máobìng,　suǒyǐ bù néng shǐyòng.

⑧ 电梯 出了 毛病,‖ 所以 不 能 使用。

エレベーターが故障したので、使用できません。

"因为 A, 所以 B" のうち、⑦は "所以" が、⑧は "因为" が省略されている。
⑦の "安排" は「手配する」「段取りをつける」の意味。⑧の "毛病" は「故
障」のほか「病気」「欠点」などの意味もある。「一時的」という意味の "暂
时 zànshí" を使って "暂时不能使用" としても良い。

Nǐ jìrán bù gǎn xìngqù,　jiù búbì miǎnqiǎng.

⑨ 你 既然 不 感 兴趣,‖ 就 不必 勉强。

興味がないのであれば、無理することはないですよ。

"既然" は「～であるからには」で、ここでは "不" があるので「～がない
のであれば」という表現。"不必" は「～することはない」「～に及ばない」で、
"勉强" は「無理強いする」。

Wǒ suīrán hěn jìmò, dànshì méiyǒu kū.

⑩ 我 虽然 很 寂寞，但是 没有 哭。

僕は寂しかったけど、泣かなかったよ。

"虽然" で「過去のある時点の気持ち」を表し、後半の "没有哭" で「泣きたいところだったが我慢した」という逆接の意味を表す。

Suīrán hěn nánguò, dànshì xiàozhe shuō "zàijiàn".

⑪ 虽然 很 难过，但是 笑着 说 "再见"。

つらかったけれど、笑ってさよならを言った。

"难过" は直訳すると「過ごし難い」で、「つらい」「やり切れない」という気持ちを表す。なお、セリフを直接引用するときは、" " で括る。ほかに、セリフの前に : や —— をつけることもある。

Suīrán wǒ xuéguo Yīngyǔ, dànshì jīhū bú huì yòng.

⑫ 虽然 我 学过 英语，但是 几乎 不 会 用。

英語は勉強しましたが、ほとんど使えません。

前半で "学过" と経験を表し、後半で逆接の結果を述べている。"几乎" は「ほとんど」「ほぼ」の意味。"不会…" は「〜できない」。

Zhège bànfǎ hǎo shì hǎo, búguò yǒudiǎnr fùzá.

⑬ 这个 办法 好 是 好，不过 有点儿 复杂。

この方法は良いことは良い、ただちょっと複雑だけどね。

"A，不过 B" は「Aだ、ただしBだ」とまずAを確定した上で、逆接の内容を付け足す表現。"不过" は逆接の意味が "但是" ほど強くはなく、前半について認めた上で、「少しだけ難点を言うと」「欲を言えば」という程度の付け足しをする。"A是A" は「AであることはAだ（が）」で、逆接を続けることが多い。"有点儿" は基本的に期待から少し外れる場合に使う。なお、考えながら話す場合は、"办法" の後にポーズを入れることもある。

1. 次の中国語を正しく並べ替えましょう。

（1）食べたいだけ食べていいですよ。

可以　就　你　多少　多少　吃　吃　要

＿＿＿＿＿＿＿＿＿＿＿＿＿＿＿＿，＿＿＿＿＿＿＿＿＿＿＿＿＿＿＿＿。

（2）先生が入ってくると、生徒は着席した。

一　就　进　了　学生　下　老师　坐　来

＿＿＿＿＿＿＿＿＿＿＿＿＿＿＿＿，＿＿＿＿＿＿＿＿＿＿＿＿＿＿＿＿。

（3）彼女は歌が歌えるだけでなく、ダンスもできる。

唱　还　她　不但　跳舞　会　会　歌

＿＿＿＿＿＿＿＿＿＿＿＿＿＿＿＿，＿＿＿＿＿＿＿＿＿＿＿＿＿＿＿＿。

（4）もし中国に行くとしたら、あなたは何がしたいですか？

的　你　中国　什么　想　去　话　你　如果　做

＿＿＿＿＿＿＿＿＿＿＿＿＿＿＿＿，＿＿＿＿＿＿＿＿＿＿＿＿＿＿＿＿？

（5）たとえ雨が降ったとしても、行かなければならない。

下　也　要　即使　雨　去

＿＿＿＿＿＿＿＿＿＿＿＿＿＿＿＿，＿＿＿＿＿＿＿＿＿＿＿＿＿＿＿＿。

2. 次の中国語を日本語に訳しましょう。

（1）不管教练怎么说，我都要参加比赛。

_____ 。

（2）与其加班，不如明天上午再做。

_____ 。

（3）因为我喝酒了，所以不能开车。

_____ 。

（4）虽然堵车，但是我没有迟到。

_____ 。

（5）既然已经解决了，我就不必去了。

_____ 。

对…来说（〜からしてみれば／〜にとっては）

Duì Zhōngguórén lái shuō, Chūnjié shì yì nián zhōng zuì zhòngyào de yì tiān.
对 中国人 来 说，春节 是 一 年 中 最 重要 的一 天。

（中国人にとって、春節は一年のうちで最も重要な日だ。）

连 A 都 B（A でさえ B だ）

Zhème jiǎndān de shìqing, lián xiǎoháizi dōu zhīdào.
这么 简单 的 事情，连 小孩子 都 知道。

（こんなに簡単なことは、子供でさえ分かる。）

除了 A 以外，还 / 也 / 都 B（A のほか、さらに B だ／A 以外はみな B だ）

Tā chúle Éyǔ yǐwài, hái huì shuō Wūkèlányǔ.
她 除了 俄语 以外，还 会 说 乌克兰语。

（彼女はロシア語のほか、ウクライナ語も話せる。）

Wǒmen gōngsī chúle Zhōngguó yǐwài, zài Tàiguó yě yǒu fēngōngsī.
我们 公司 除了 中国 以外，在 泰国 也 有 分公司。

（私たちの会社は中国のほか、タイにも子会社がある。）

Wǒmen bān chúle wǒ yǐwài, qítā dōu shì wàiguó liúxuéshēng.
我们 班 除了 我 以外，其他 都 是 外国 留学生。

（私たちのクラスは私以外、みんな外国人留学生だ。）

（就）好像…（似的 / 一样）（まるで〜のようだ）

Jīntiān tài lěng le, jiù hǎoxiàng zài bīngxiāng li shìde.
今天 太 冷 了，就 好像 在 冰箱 里 似的。

（今日は寒すぎて、まるで冷蔵庫の中にいるようだ。）

Jīntiān jiù hǎoxiàng zài bīngxiāng li yíyàng lěng.
今天 就 好像 在 冰箱 里 一样 冷。

（今日はまるで冷蔵庫の中にいるかのように寒い。）

A 是 A，但是 B（A は A だが、B だ）

Zhè jiàn yīfu hǎokàn shì hǎokàn, dànshì yǒudiǎnr guì.
这 件 衣服 好看 是 好看，但是 有点儿 贵。

（この服はきれいなのはきれいなんだけど、ちょっと高いな。）

資料編

日本文字	中国文字	日本文字	中国文字	日本文字	中国文字	日本文字	中国文字	日本文字	中国文字	日本文字	中国文字
児	儿	書	书	門	门	掛	挂	華	华	氷	冰
幾	几	節	节	開	开	標	标	風	风	処	处
機	机	幣	币	関	关	様	样	総	总	圧	压
衛	卫	歳	岁	業	业	郵	邮	慮	虑	応	应
個	个	夢	梦	亜	亚	質	质	護	护	検	检
義	义	車	车	興	兴	線	线	択	择	焼	烧
無	无	東	东	術	术	動	动	報	报	確	确
豊	丰	楽	乐	務	务	経	经	師	师	愛	爱
座	坐	薬	药	録	录	場	场	韓	韩	帯	带
聖	圣	歓	欢	複/復	复	傷	伤	勝	胜	熱	热
従	从	対	对	雑	杂	論	论	難	难	満	满
衆	众	隊	队	類	类	価	价	図	图	博	博
傘	伞	漢	汉	備	备	済	济	極	极	海	海
発/髪	发	葉	叶	麗	丽	養	养	樹	树	直	直
龍	龙	聴	听	網	网	芸	艺	種	种	単	单
頭	头	飛	飞	奮	奋	遅	迟	堅	坚	決	决
買	买	気	气	陽	阳	選	选	臨	临	写	写
売	卖	広	广	陰	阴	運	运	塩	盐	辺	边
実	实	産	产	帰	归	遠	远	飲	饮	別	别
為	为	見	见	時	时	園	园	銀	银	画	画

02 挨拶

中国語	ピンイン	日本語
你好！／您好！	Nǐ hǎo! / Nín hǎo!	こんにちは!/（敬意を込めて）こんにちは!
你好吗？／我很好。	Nǐ hǎo ma? / Wǒ hěn hǎo.	元気?/元気です。
早上好！／晚上好！	Zǎoshang hǎo! / Wǎnshang hǎo!	おはよう!/こんばんは!
好久不见！	Hǎojiǔ bú jiàn!	久しぶり!
最近怎么样?	Zuìjìn zěnmeyàng?	最近、どう?
吃饭了吗？／还没吃。	Chīfàn le ma? / Hái méi chī.	ご飯、食べた?/まだ食べてない。
谢谢！／不客气！	Xièxie! / Bú kèqi!	ありがとう!/遠慮しないで!
不好意思。／没事。	Bù hǎoyìsi. / Méi shì.	すみません。/なんてことないよ。
对不起。／没关系。	Duìbuqǐ. / Méi guānxi.	ごめんなさい。/かまいませんよ。
很抱歉。／不在乎。	Hěn bàoqiàn. / Bú zàihu.	申し訳ありません。/気にしないよ。
欢迎，欢迎！	Huānyíng, huānyíng!	いらっしゃい、いらっしゃい!
谢谢您的招待！	Xièxie nín de zhāodài!	お招きいただき、ありがとうございます!
请进。／请坐。	Qǐng jìn. / Qǐng zuò.	どうぞ入って。/どうぞ座って。
生日快乐！	Shēngrì kuàilè!	お誕生日おめでとう!
我走了。	Wǒ zǒu le.	もう行くね。
再坐一会儿。	Zài zuò yíhuìr.	もう少し、いてください。
向大家问好。	Xiàng dàjiā wèn hǎo.	みなさんにどうぞよろしく。
请多保重！	Qǐng duō bǎozhòng!	どうぞご自愛ください!
慢走！／晚安！	Màn zǒu! / Wǎn'ān!	気を付けてね!/おやすみ!
再见！／明天见！	Zàijiàn! / Míngtiān jiàn!	さようなら!/明日ね!

中国語	ピンイン	日本語
真棒！	Zhēn bàng!	すごい!
太好了！	Tài hǎo le!	良かった!
怎么了？	Zěnme le?	どうしたの?
没事吧？	Méi shì ba?	大丈夫?
真的吗？	Zhēn de ma?	ほんと?
没想到！	Méi xiǎngdào!	思いもしなかった!
不会吧！	Bú huì ba!	まさか!
怎么办？	Zěnme bàn?	どうしよう?
没办法。	Méi bànfǎ.	しかたがない。
让我考虑一下。	Ràng wǒ kǎolǜ yíxià.	ちょっと考えさせて。
我还没想好。	Wǒ hái méi xiǎnghǎo.	まだ考えているところです。
我有一个想法。	Wǒ yǒu yí ge xiǎngfǎ.	私に考えがあります。
我想试试。	Wǒ xiǎng shìshi.	試してみたいです。
好主意！	Hǎo zhǔyi!	いい考え!
你说得对。	Nǐ shuō de duì.	君の言うとおりだよ。
请再说一遍。	Qǐng zài shuō yí biàn.	もう一度言っていただけますか。
请说慢点儿。	Qǐng shuō màn diǎnr.	ゆっくり話していただけますか。
汉字怎么写？	Hànzì zěnme xiě?	漢字ではどう書くのですか?
请等一下。	Qǐng děng yíxià.	ちょっと待ってください。
请帮个忙。	Qǐng bāng ge máng.	ちょっと手伝ってください。

中国語	ピンイン	日本語
我在学中文。	Wǒ zài xué Zhōngwén.	私は中国語を勉強しています。
我的专业是经济。	Wǒ de zhuānyè shì jīngjì.	私の専門は経済です。
我对投资感兴趣。	Wǒ duì tóuzī gǎn xìngqù.	投資に興味があります。
你有时间吗?	Nǐ yǒu shíjiān ma?	時間はありますか?
我们一起去吧。	Wǒmen yìqǐ qù ba.	一緒に行こうよ。
你也来吧。	Nǐ yě lái ba.	君もおいでよ。
一起吃饭，怎么样?	Yìqǐ chīfàn, zěnmeyàng?	一緒にご飯を食べるのはどう?
打车去多少钱?	Dǎchē qù duōshao qián?	タクシーで行くといくら?
几点开始?	Jǐ diǎn kāishǐ?	何時に始まりますか?
在哪里办手续?	Zài nǎli bàn shǒuxù?	どこで手続きをするのですか?
请出示护照。	Qǐng chūshì hùzhào.	パスポートを提示してください。
可以拍照吗?	Kěyǐ pāizhào ma?	写真を撮ってもいいですか?
让我看一下。	Ràng wǒ kàn yíxià.	ちょっと見せて。
有别的颜色吗?	Yǒu bié de yánsè ma?	他の色はありますか?
请给我发票。	Qǐng gěi wǒ fāpiào.	領収書をください。
休息一下吧。	Xiūxi yíxià ba.	ちょっと休憩しましょう。
不好意思，让你久等了。	Bù hǎoyìsi, ràng nǐ jiǔ děng le.	ごめんね、待たせちゃった。
对不起，我去不了了。	Duìbuqǐ, wǒ qùbuliǎo le.	すみません、行けなくなりました。
我再联系你。	Wǒ zài liánxì nǐ.	また連絡します。
电话号码是多少?	Diànhuà hàomǎ shì duōshao?	電話番号は?

中国語	日本語	中国語	日本語
lǎopo **老婆**	妻	qīzi **妻子**	妻（"qīzǐ" なら「妻子」）
niáng **娘**	母親、お母さん（"姑娘" は「若い娘」）	mǔqin / māma **母亲 / 妈妈**	母親 / お母さん
àiren **爱人**	配偶者、夫もしくは妻	dìsānzhě **第三者**	第三者、部外者、愛人
dàjiā **大家**	みんな、みなさん	fángdōng **房东**	大家
zhàngfu **丈夫**	夫（"zhàngfū" なら「立派な男性」）	jiēshi **结实**	丈夫である、頑丈である
xiānsheng **先生**	～さん（男性への敬称）、 夫（"我先生" は「私の夫」）	lǎoshī **老师**	教師、先生
yánsè **颜色**	色、色彩	liǎnsè **脸色**	顔色、血色、表情
tāng **汤**	スープ	kāishuǐ **开水**	湯、熱湯
chuáng **床**	ベッド	dìbǎn **地板**	床、床板
shǒuzhǐ **手纸**	トイレットペーパー	xìn **信**	手紙、知らせ
xīnwén **新闻**	ニュース、報道	bàozhǐ **报纸**	新聞
miǎnqiǎng **勉强**	無理である、無理強いする	xuéxí **学习**	勉強する、学ぶ
zǒu **走**	歩く、行く	pǎo **跑**	走る、行く
gàosu **告诉**	告げる、知らせる （"gàosù" なら「告訴する」）	kòngsù **控诉**	告発する、告訴する
máquè **麻雀**	スズメ	májiàng **麻将**	マージャン
qìchē **汽车**	自動車	huǒchē **火车**	汽車、列車
shūrù **输入**	入力する （「輸入する」の意味もあるがあまり使わない）	jìnkǒu **进口**	輸入する
jīnglǐ **经理**	経営者、社長、マネージャー、経営する	kuàiji **会计**	会計、会計係、経理
dānwèi **单位**	機関、団体、職場（「単位」の意味もある）	gǎngwèi **岗位**	職場、持ち場
dōngxi **东西**	物、事物（"dōngxī" なら「東西」）	dìfang **地方**	場所、所（"dìfāng" なら「地方」）

05　主な量詞

量詞	ピンイン	対象の特徴	対象の例
把	bǎ	取っ手のあるもの、一握りのもの	雨伞，椅子，钥匙，花生米
杯	bēi	コップに入れた液体など	水，茶，酒，咖啡
本	běn	書物	书，杂志，词典，小说
遍	biàn	初めから終わりまでの動作	念，看，说，唱，复习
次	cì	重複して起こること	去，来，说，打，访问
对	duì	独立したペア、左右対称で対になるもの	夫妇，情人，花瓶，耳环
份	fèn	全体を分けた一部分、組み合わせたもの、刊行物	套餐，蛋糕，点心，证明，报纸
个	ge	人やものなど汎用的に使う	人，苹果，国家，秘密，想法
家	jiā	店、会社など	商店，邮局，饭店，公司，工厂
件	jiàn	上着、事柄、仕事、荷物など	大衣，衬衫，事情，工作，行李
块	kuài	塊になったもの、四角く平たいもの	石头，橡皮，豆腐，肉，手表
片	piàn	薄いもの、広大な地面や水面	叶子，面包，肉，雪原，海洋
双	shuāng	左右対称で対になるもの、身体やそれに近いもの	手，眼睛，手套，鞋，筷子
台	tái	機械、大型の楽器	电脑，电视机，复印机，钢琴
条	tiáo	細長いもの、細長い動物、細長いイメージのあるもの	领带，裙子，狗，河，生命
碗	wǎn	お椀に入っているもの	米饭，面条，菜，水饺，茶
项	xiàng	項目や仕事、計画、任務など	原则，条件，事业，任务，计划
张	zhāng	紙、布など、顔や口、表面が平らなものなど	纸，地图，笑脸，嘴，桌子
只	zhī	動物、対になっているものの片方	猫，小鸟，老虎，蜜蜂，手
座	zuò	大きくて動かないもの	山，城市，大楼，学校，石碑

中国語	ピンイン	日本語	中国語	ピンイン	日本語
新	xīn	新しい	旧	jiù	古い
暖和	nuǎnhuo	暖かい	凉快	liángkuai	涼しい
热	rè	暑い、熱い	冷	lěng	寒い、冷たい
粗	cū	太い、粗い、うかつである	细	xì	細い、細かい
美丽	měilì	(景色や女性に)美しい	漂亮	piàoliang	見た目が良い、美しい、すばらしい
多	duō	多い	少	shǎo	少ない
大	dà	大きい	小	xiǎo	小さい
重	zhòng	重い	轻	qīng	軽い
硬	yìng	固い	软	ruǎn	柔らかい
难	nán	難しい	容易	róngyì	容易である
热闹	rènao	賑やかである	安静	ānjìng	静かである、安らかである
干净	gānjìng	清潔である、きれいである	脏	zāng	不潔である、汚い
高	gāo	(高さが)高い	低	dī	低い
贵	guì	(価格が)高い	便宜	piányi	安い
远	yuǎn	遠い	近	jìn	近い
长	cháng	長い	短	duǎn	短い
早	zǎo	早い	晚	wǎn	(時間が)遅い
快	kuài	速い	慢	màn	(速度が)遅い、のろい
复杂	fùzá	複雑である	简单	jiǎndān	単純である、簡単である
好	hǎo	良い	坏	huài	悪い、壊れている、傷んでいる

07　主な動詞

中国語	ピンイン	日本語	中国語	ピンイン	日本語
爱	ài	愛する、〜を好む	来	lái	来る
见	jiàn	会う	问	wèn	質問する
玩儿	wánr	遊ぶ	告诉	gàosu	知らせる、告げる
洗	xǐ	洗う	打	dǎ	する(多くの動作に使う)、打つ
走	zǒu	歩く、出発する	做	zuò	(仕事や活動を)する、作る
说	shuō	言う、話す	坐	zuò	座る
去	qù	行く	站	zhàn	立つ
唱	chàng	歌う	吃	chī	食べる
卖	mài	売る	出	chū	出る
起床	qǐ//chuáng	起きる、起床する	哭	kū	泣く
生气	shēng//qì	怒る	睡（觉）	shuì(//jiào)	寝る
教	jiāo	教える	喝	hē	飲む
想	xiǎng	思う、考える	进	jìn	入る、進む
买	mǎi	買う	跑	pǎo	走る
回	huí	帰る	等	děng	待つ
写	xiě	書く	学（习）	xué(//xí)	学ぶ、勉強する
画	huà	描く	看	kàn	見る、(声に出さずに)読む
借	jiè	借りる、貸す	拿	ná	持つ、掴む
听	tīng	聞く	念	niàn	(声に出して)読む
穿	chuān	着る、通り抜ける	笑	xiào	笑う

中国語	ピンイン	日本語	中国語	ピンイン	日本語
最	zuì	最も	才	cái	ようやく、ほんの、～こそ
非常	fēicháng	非常に	终于	zhōngyú	ついに、とうとう
很	hěn	とても	已经	yǐjīng	すでに、もう
稍微	shāowēi	少し、わずか	还	hái	まだ、～でさえ
都	dōu	すべて、みんな、～すら	从来	cónglái	これまで、ずっと
完全	wánquán	完全に、すべて	一直	yìzhí	ずっと
一起	yìqǐ	一緒に	互相	hùxiāng	互いに
另外	lìngwài	別に、ほかに	渐渐	jiànjiàn	徐々に、だんだん、しだいに
至少	zhìshǎo	少なくとも	正好	zhènghǎo	まさに、ちょうど
只	zhǐ	わずか、ただ、～だけ	必须	bìxū	必ず～しなければならない
常常	chángcháng	いつも、よく	真	zhēn	本当に、実に
总是	zǒngshì	いつも、しょっちゅう	当然	dāngrán	もちろん、当然
又	yòu	また	绝对	juéduì	絶対に、きっと
再	zài	また、再び、それから	一定	yídìng	必ず、きっと
也	yě	～も	特别	tèbié	特に、わざわざ
偶尔	ǒu'ěr	たまに、ときどき	确实	quèshí	確かに、間違いなく
快	kuài	早く、急いで、まもなく、もうすぐ	大概	dàgài	たぶん、おそらく
先	xiān	先に、まず	反正	fǎnzhèng	どうせ、いずれにしても
马上	mǎshàng	すぐに、さっそく	难道	nándào	まさか～なわけではないだろう
刚刚	gānggāng	～したばかり、ちょうど今	有点儿	yǒudiǎnr	少し（基本的に望ましくないことに）

09　補語を用いた慣用表現

中国語	ピンイン	日本語	中国語	ピンイン	日本語
比不了	bǐbuliǎo	比べられない、及ばない	看起来	kànqǐlai	見たところ～のようだ
差不多	chàbuduō	大差ない、だいたい、ほぼ	看得懂	kàndedǒng	見て／読んで理解できる
差得远	chà de yuǎn	とても及ばない、差がかなり大きい	看得起	kàndeqǐ	尊敬する、重視する、一目置く
吃不惯	chībuguàn	食べ慣れない、食べつけない	靠不住	kàobuzhù	信頼できない、当てにならない
吃不了	chībuliǎo	食べ切れない	来不及	láibují	間に合わない
传下来	chuánxiàlai	伝えられてくる	来得及	láidejí	間に合う
错不了	cuòbuliǎo	間違いようがない、悪いはずがない	离不开	líbukāi	切り離せない、離れられない
顶不住	dǐngbuzhù	支えきれない、持ちこたえられない	了不起	liǎobuqǐ	大したものだ、すごい
对不起	duìbuqǐ	申し訳ない、すまない	买不起	mǎibuqǐ	高過ぎて買えない
翻过来	fānguòlai	裏返す	买得到	mǎidedào	買える、買って手に入れられる
放不下	fàngbuxià	放っておけない、安心できない	免不了	miǎnbuliǎo	免れない、避けられない
顾不得	gùbude	面倒を見られない、かまっていられない	少不了	shǎobuliǎo	欠くことはできない
怪不得	guàibude	道理で、なるほど	舍不得	shěbude	離れがたい、惜しくて～したがらない
合得来	hédelái	気が合う	受不了	shòubuliǎo	たまらない、耐えられない
恨不得	hènbude	～できないのがもどかしい	说不定	shuōbudìng	もしかしたら～かもしれない
回不来	huíbulái	帰って来られない	说不好	shuōbuhǎo	断言できない、うまく話せない
记下来	jìxiàlai	記録しておく	算不了	suànbuliǎo	～というほどではない
记不住	jìbuzhù	記憶できない、覚えられない	想不开	xiǎngbukāi	あきらめきれない、くよくよ悩む
禁不住	jīnbuzhù	持ちこたえられない、耐えられない	想出来	xiǎngchūlai	思いつく、考えつく
看不起	kànbuqǐ	軽んじる、侮る	坐不下	zuòbuxià	座り切れない

10 人名、地名

中国語	ピンイン	日本語	中国語	ピンイン	日本語	中国語	ピンイン	日本語
王	Wáng	王	北京	Běijīng	北京	欧洲	Ōuzhōu	ヨーロッパ
李	Lǐ	李	天津	Tiānjīn	天津	亚洲	Yàzhōu	アジア
张	Zhāng	張	上海	Shànghǎi	上海	非洲	Fēizhōu	アフリカ
刘	Liú	劉	苏州	Sūzhōu	蘇州	美国	Měiguó	アメリカ
陈	Chén	陳	杭州	Hángzhōu	杭州	加拿大	Jiānádà	カナダ
杨	Yáng	楊	南京	Nánjīng	南京	英国	Yīngguó	イギリス
黄	Huáng	黄	成都	Chéngdū	成都	法国	Fǎguó	フランス
赵	Zhào	趙	重庆	Chóngqìng	重慶	德国	Déguó	ドイツ
周	Zhōu	周	深圳	Shēnzhèn	深セン	瑞士	Ruìshì	スイス
吴	Wú	呉	广州	Guǎngzhōu	広州	意大利	Yìdàlì	イタリア
佐藤	Zuǒténg	佐藤	北海道	Běihǎidào	北海道	西班牙	Xībānyá	スペイン
铃木	Língmù	鈴木	仙台	Xiāntái	仙台	俄罗斯	Éluósī	ロシア
高桥	Gāoqiáo	高橋	东京	Dōngjīng	東京	韩国	Hánguó	韓国
田中	Tiánzhōng	田中	横滨	Héngbīn	横浜	印度	Yìndù	インド
渡边	Dùbiān	渡辺	名古屋	Mínggǔwū	名古屋	泰国	Tàiguó	タイ
山本	Shānběn	山本	京都	Jīngdū	京都	菲律宾	Fēilǜbīn	フィリピン
松村	Sōngcūn	松村	大阪	Dàbǎn	大阪	澳大利亚	Àodàlìyà	オーストラリア
小林	Xiǎolín	小林	广岛	Guǎngdǎo	広島	新西兰	Xīnxīlán	ニュージーランド
川口	Chuānkǒu	川口	福冈	Fúgāng	福岡	墨西哥	Mòxīgē	メキシコ
吉野	Jíyě	吉野	冲绳	Chōngshéng	沖縄	巴西	Bāxī	ブラジル

11 身体、衣服、服飾品、色

中国語	ピンイン	日本語	中国語	ピンイン	日本語	中国語	ピンイン	日本語
头发	tóufa	髪	大衣	dàyī	オーバー	帽子	màozi	帽子
头	tóu	頭	夹克	jiākè	ジャケット	眼镜	yǎnjìng	メガネ
眼睛	yǎnjing	目	西装 /西服	xīzhuāng/ xīfú	スーツ	领带	lǐngdài	ネクタイ
鼻子	bízi	鼻	毛衣	máoyī	セーター	手套	shǒutào	手袋
耳朵	ěrduo	耳	背心	bèixīn	ベスト / タンクトップ	项链	xiàngliàn	ネックレス
嘴	zuǐ	口	衬衫	chènshān	シャツ / ブラウス	耳环	ěrhuán	イヤリング
牙(齿)	yá(chǐ)	歯	T恤	T xù	Tシャツ	戒指	jièzhi	指輪
脖子	bózi	首	裤子	kùzi	ズボン	红色	hóngsè	赤色
肩膀	jiānbǎng	肩	牛仔裤	niúzǎikù	ジーンズ	橙色	chéngsè	オレンジ色
胳膊	gēbo	腕	裙子	qúnzi	スカート	黄色	huángsè	黄色
手	shǒu	手	连衣裙	liányīqún	ワンピース	绿色	lǜsè	緑色
手指	shǒuzhǐ	手の指	旗袍	qípáo	チャイナドレス	蓝色	lánsè	青色
指甲	zhǐjia	爪	和服	héfú	着物	紫色	zǐsè	紫色
胸脯	xiōngpú	胸	内衣	nèiyī	下着	粉色	fěnsè	ピンク色
背	bèi	背	胸罩	xiōngzhào	ブラジャー	棕色	zōngsè	茶色
肚子	dùzi	腹	内裤	nèikù	パンツ	黑色	hēisè	黒色
腰	yāo	腰	袜子	wàzi	靴下	灰色	huīsè	灰色
屁股	pìgu	尻	鞋	xié	靴	白色	báisè	白色
腿	tuǐ	足(leg)	皮鞋	píxié	革靴	金色	jīnsè	金色
脚	jiǎo	足(foot)	高跟鞋	gāogēnxié	ハイヒール	银色	yínsè	銀色

中国語	ピンイン	日本語	中国語	ピンイン	日本語	中国語	ピンイン	日本語
大学	dàxué	大学	医学系	yīxuéxì	医学部	总公司	zǒnggōngsī	（大企業の）本社
高中	gāozhōng	高校	物理系	wùlǐxì	物理学部	分公司	fēngōngsī	支社
初中	chūzhōng	中学校	建筑系	jiànzhùxì	建築学部	工厂	gōngchǎng	工場
小学	xiǎoxué	小学校	法学系	fǎxuéxì	法学部	客服中心	kèfú zhōngxīn	お客様サービスセンター
幼儿园	yòu'éryuán	幼稚園	经济学系	jīngjìxuéxì	経済学部	连锁店	liánsuǒdiàn	チェーン店
学期	xuéqī	学期	社会学系	shèhuìxuéxì	社会学部	出差	chū//chāi	出張する
暑假	shǔjià	夏休み	心理学系	xīnlǐxuéxì	心理学部	升职	shēng//zhí	昇進する
寒假	hánjià	冬休み	文学系	wénxuéxì	文学部	降职	jiàng//zhí	降格する
教室	jiàoshì	教室	外语系	wàiyǔxì	外国語学部	退休	tuìxiū	定年退職する
黑板	hēibǎn	黒板	教育学系	jiàoyùxuéxì	教育学部	工资 / 薪水	gōngzī/ xīnshui	給料
白板	báibǎn	ホワイトボード	国营企业	guóyíng qǐyè	国営企業	带薪休假	dàixīn xiūjià	有給休暇
课程表	kèchéngbiǎo	授業の時間割	私营企业	sīyíng qǐyè	民間企業	营销部	yíngxiāobù	営業部
操场	cāochǎng	運動場	外资企业	wàizī qǐyè	外資系企業	企划部	qǐhuàbù	企画部
课	kè	授業	跨国公司	kuàguó gōngsī	グローバル企業	研发部	yánfābù	研究開発部
预习	yùxí	予習する	董事长	dǒngshìzhǎng	理事長	制造部	zhìzàobù	製造部
复习	fùxí	復習する	总经理	zǒngjīnglǐ	社長	质检部	zhìjiǎnbù	品質検査部
作业	zuòyè	宿題	老板	lǎobǎn	商店や中小企業の経営者	促销部	cùxiāobù	販売促進部
考试	kǎo//shì	テストする	股东	gǔdōng	株主	会计部	kuàijìbù	経理部
成绩	chéngjì	成績、業績	上司	shàngsi	上司	人事部	rénshìbù	人事部
专业	zhuānyè	専攻	部下	bùxià	部下	总务部	zǒngwùbù	総務部

13 職業、身分

中国語	ピンイン	日本語	中国語	ピンイン	日本語	中国語	ピンイン	日本語
公司职员	gōngsī zhíyuán	会社員	翻译	fānyì	通訳	艺术家	yìshùjiā	アーティスト
工人	gōngrén	労働者	导游	dǎoyóu	旅行ガイド	歌手	gēshǒu	歌手
服务员	fúwùyuán	店員、スタッフ	厨师	chúshī	調理師	演员	yǎnyuán	俳優
销售员	xiāoshòuyuán	販売員	美发师	měifàshī	美容師	模特儿	mótèr	モデル
接待员	jiēdàiyuán	受付係	按摩师	ànmóshī	マッサージ師	导演	dǎoyǎn	映画監督
教师	jiàoshī	教師	设计师	shèjìshī	デザイナー	播音员	bōyīnyuán	アナウンサー
教授	jiàoshòu	教授	快递员	kuàidìyuán	配達員	制片人	zhìpiànrén	プロデューサー
学者	xuézhě	学者	司机	sījī	運転手	经纪人	jīngjìrén	マネージャー
医生	yīshēng	医者	乘务员	chéngwùyuán	乗務員	运动员	yùndòngyuán	スポーツ選手
护士	hùshi	看護師	建筑师	jiànzhùshī	建築士	教练员	jiàoliànyuán	トレーナー
药剂师	yàojìshī	薬剤師	工程师	gōngchéngshī	エンジニア	农民	nóngmín	農民
律师	lǜshī	弁護士	程序员	chéngxùyuán	プログラマー	渔夫	yúfū	漁師
政治家	zhèngzhìjiā	政治家	维修员	wéixiūyuán	整備士	白领	báilǐng	ホワイトカラー
外交官	wàijiāoguān	外交官	修理工	xiūlǐgōng	修理工	蓝领	lánlǐng	ブルーカラー
公务员	gōngwùyuán	公務員	摄影师	shèyǐngshī	カメラマン	自由职业者	zìyóu zhíyèzhě	フリーランス
警察	jǐngchá	警察官	记者	jìzhě	記者	网红	wǎnghóng	インフルエンサー
保安	bǎo'ān	警備員	作家	zuòjiā	作家	临时工	línshígōng	アルバイト、臨時工
银行职员	yínháng zhíyuán	銀行員	编辑	biānjí	編集者	保姆	bǎomǔ	家政婦
会计师	kuàijìshī	会計士	画家	huàjiā	画家	家庭主妇	jiātíng zhǔfù	主婦
投资家	tóuzījiā	投資家	漫画家	mànhuàjiā	漫画家	学生	xuésheng	学生

14 食材、調味料、料理、飲み物

中国語	ピンイン	日本語	中国語	ピンイン	日本語	中国語	ピンイン	日本語
牛肉	niúròu	牛肉	韭菜	jiǔcài	ニラ	青椒肉丝	qīngjiāo ròusī	チンジャオ ロース
猪肉	zhūròu	豚肉	香菜	xiāngcài	パクチー	麻婆豆腐	mápó dòufu	麻婆豆腐
鸡肉	jīròu	鶏肉	姜	jiāng	ショウガ	回锅肉	huíguōròu	ホイコーロー
羊肉	yángròu	羊肉	大蒜	dàsuàn	ニンニク	八宝菜	bābǎocài	八宝菜
鱼	yú	魚	酱油	jiàngyóu	醤油	红烧虾仁	hóngshāo xiārén	エビチリ
章鱼	zhāngyú	タコ	糖	táng	砂糖	汤	tāng	スープ
墨鱼	mòyú	イカ	盐	yán	塩	杏仁豆腐	xìngrén dòufu	杏仁豆腐
螃蟹	pángxiè	カニ	醋	cù	酢	冰激凌	bīngjīlíng	アイス クリーム
虾	xiā	エビ	香油	xiāngyóu	ごま油	巧克力	qiǎokèlì	チョコレート
土豆	tǔdòu	ジャガイモ	蚝油	háoyóu	オイスターソース	蛋糕	dàngāo	ケーキ
南瓜	nánguā	カボチャ	豆瓣酱	dòubànjiàng	豆板醤	苹果	píngguǒ	リンゴ
胡萝卜	húluóbo	人参	鸡蛋	jīdàn	卵	草莓	cǎoméi	イチゴ
萝卜	luóbo	大根	牛奶	niúnǎi	牛乳	香蕉	xiāngjiāo	バナナ
卷心菜	juǎnxīncài	キャベツ	奶酪	nǎilào	チーズ	橘子	júzi	ミカン
(大)白菜	(dà)báicài	白菜	米饭	mǐfàn	米飯	啤酒	píjiǔ	ビール
菠菜	bōcài	ほうれん草	面条	miàntiáo	麺類	葡萄酒	pútaojiǔ	ワイン
茄子	qiézi	茄子	面包	miànbāo	パン	绍兴酒	shàoxīngjiǔ	紹興酒
西红柿	xīhóngshì	トマト	肉包子	ròubāozi	肉まん	果汁	guǒzhī	ジュース
洋葱	yángcōng	玉ネギ	饺子	jiǎozi	餃子	汽水	qìshuǐ	サイダー
葱	cōng	ネギ	小笼包	xiǎolóngbāo	ショーロンポー	矿泉水	kuàngquánshuǐ	ミネラル ウォーター

274

15 文具、日用品、化粧品、台所用品

中国語	ピンイン	日本語	中国語	ピンイン	日本語	中国語	ピンイン	日本語
圆珠笔	yuánzhūbǐ	ボールペン	梳子	shūzi	くし、ブラシ	衣架	yījià	ハンガー
铅笔	qiānbǐ	鉛筆	牙刷	yáshuā	歯ブラシ	衣夹	yījiā	洗濯ばさみ
自动铅笔	zìdòng qiānbǐ	シャープペンシル	牙膏	yágāo	歯磨き粉	洗衣粉	xǐyīfěn	粉石けん
荧光笔	yíngguāngbǐ	蛍光ペン	香皂	xiāngzào	石けん	洗涤灵	xǐdílíng	洗剤
橡皮	xiàngpí	消しゴム	香波	xiāngbō	シャンプー	洗碗海绵	xǐwǎn hǎimián	台所用スポンジ
本子	běnzi	ノート	润丝	rùnsī	リンス	塑料袋	sùliàodài	ビニール袋
透明胶带	tòumíng jiāodài	セロハンテープ	护发素	hùfàsù	コンディショナー	碗	wǎn	椀
胶水	jiāoshuǐ	のり	摩丝	mósī	ヘアムース	碟子	diézi	小皿
剪刀	jiǎndāo	ハサミ	发蜡	fàlà	ヘアワックス	盘子	pánzi	大皿
文件夹	wénjiànjiā	クリアホルダー、バインダーなど	剃须膏	tìxūgāo	シェービングクリーム	茶杯	chábēi	茶椀、ティーカップ
打孔机	dǎkǒngjī	穴開けパンチ	化妆水	huàzhuāngshuǐ	化粧水	玻璃杯	bōlibēi	グラス
订书机	dìngshūjī	ホチキス	乳液	rǔyè	乳液	筷子	kuàizi	箸
便利贴	biànlìtiē	付箋	隔离霜	gélíshuāng	下地クリーム	勺子	sháozi	スプーン
手表	shǒubiǎo	腕時計	粉底	fěndǐ	ファンデーション	叉子	chāzi	フォーク
腰带	yāodài	ベルト	口红	kǒuhóng	口紅	餐刀	cāndāo	ナイフ
手帕	shǒupà	ハンカチ	眼影	yǎnyǐng	アイシャドー	调羹	tiáogēng	ちりれんげ
钱包	qiánbāo	財布	口罩	kǒuzhào	マスク	餐巾纸	cānjīnzhǐ	紙ナプキン
商务包	shāngwùbāo	ビジネスバッグ	毛巾	máojīn	タオル	锅	guō	鍋
手提包	shǒutíbāo	ハンドバッグ	纸巾	zhǐjīn	ティッシュペーパー	菜刀	càidāo	包丁
背包	bēibāo	リュックサック	卫生纸	wèishēngzhǐ	トイレットペーパー	菜板	càibǎn	まな板

16 家電、家具、屋内設備

中国語	ピンイン	日本語	中国語	ピンイン	日本語	中国語	ピンイン	日本語
电饭锅	diànfànguō	炊飯器	电视机	diànshìjī	テレビ	门	mén	ドア
冰箱	bīngxiāng	冷蔵庫	收音机	shōuyīnjī	ラジオ	窗户	chuānghu	窓
微波炉	wēibōlú	電子レンジ	音箱	yīnxiāng	スピーカー	墙壁	qiángbì	壁
电灶	diànzào	電気コンロ	照相机	zhàoxiàngjī	カメラ	天花板	tiānhuābǎn	天井板
电水壶	diànshuǐhú	電気ポット	摄像机	shèxiàngjī	ビデオカメラ	地板	dìbǎn	床板
洗碗机	xǐwǎnjī	食洗器	吸尘器	xīchénqì	掃除機	房间	fángjiān	部屋
电灯	diàndēng	電灯	电话	diànhuà	電話	厨房	chúfáng	キッチン
台灯	táidēng	電気スタンド	遥控器	yáokòngqì	リモコン	起居室	qǐjūshì	リビングルーム
空调	kōngtiáo	エアコン	桌子	zhuōzi	机／テーブル	书房	shūfáng	書斎
电风扇	diànfēngshàn	扇風機	椅子	yǐzi	椅子	卧室	wòshì	寝室
电暖气	diànnuǎnqì	電気ストーブ	沙发	shāfā	ソファー	浴室	yùshì	浴室
加湿机	jiāshījī	加湿器	靠垫	kàodiàn	クッション	厕所	cèsuǒ	トイレ
除湿机	chúshījī	除湿器	地毯	dìtǎn	カーペット、ラグ	洗手间	xǐshǒujiān	お手洗い
挂钟	guàzhōng	掛け時計	窗帘	chuānglián	カーテン	办公室	bàngōngshì	事務室
闹钟	nàozhōng	目覚まし時計	书架	shūjià	本棚	会议室	huìyìshì	会議室
吹风机	chuīfēngjī	ドライヤー	衣柜	yīguì	クローゼット	会客室	huìkèshì	応接室
电剃刀	diàntìdāo	電気シェーバー	床	chuáng	ベッド	大堂	dàtáng	ロビー
洗衣机	xǐyījī	洗濯機	枕头	zhěntou	枕	楼梯	lóutī	階段
干衣机	gānyījī	乾燥機	被子	bèizi	掛布団	自动扶梯	zìdòng fútī	エスカレーター
电熨斗	diànyùndǒu	アイロン	褥子	rùzi	敷布団	电梯	diàntī	エレベーター

17 IT 関連用語

中国語	ピンイン	日本語	中国語	ピンイン	日本語	中国語	ピンイン	日本語
电脑	diànnǎo	コンピューター	手机	shǒujī	携帯電話	启动	qǐdòng	起動する
显示器	xiǎnshìqì	ディスプレイ	平板电脑	píngbǎn diànnǎo	タブレット	关机	guānjī	シャットダウンする
屏幕	píngmù	スクリーン	游戏机	yóuxìjī	ゲーム機	上网	shàng//wǎng	ネットにアクセスする
键盘	jiànpán	キーボード	充电宝	chōngdiànbǎo	モバイルバッテリー	在线	zàixiàn	オンライン状態である
鼠标	shǔbiāo	マウス	操作系统	cāozuò xìtǒng	OSシステム	二维码	èrwéimǎ	QRコード
硬盘	yìngpán	ハードディスク	应用	yìngyòng	アプリケーション	用户名	yònghùmíng	アカウント名
存储	cúnchǔ	メモリ	程序	chéngxù	プログラム	密码	mìmǎ	パスワード
半导体	bàndǎotǐ	半導体	版本	bǎnběn	バージョン	登录	dēnglù	ログインする
光盘	guāngpán	光ディスク	升级	shēng//jí	バージョンアップする	输入	shūrù	入力する
外置硬盘	wàizhì yìngpán	外付けハードディスク	网络	wǎngluò	ネットワーク	光标	guāngbiāo	カーソル
U 盘	U pán	USBメモリ	互联网	hùliánwǎng	インターネット	点击	diǎnjī	クリックする / タップする
读卡器	dúkǎqì	カードリーダー	浏览器	liúlǎnqì	ブラウザー	双击	shuāngjī	ダブルクリックする
播放器	bōfàngqì	再生プレイヤー	电子邮件	diànzǐ yóujiàn	電子メール	滚动	gǔndòng	スクロールする
电缆	diànlǎn	ケーブル	网站	wǎngzhàn	ウェブサイト	滑动	huádòng	スワイプする
电源	diànyuán	電源	网页	wǎngyè	ウェブページ	拖动	tuōdòng	ドラッグする
服务器	fúwùqì	サーバー	主页	zhǔyè	ホームページ	放开	fàngkāi	ドロップする
路由器	lùyóuqì	ルーター	官方网站	guānfāng wǎngzhàn	公式サイト	复制 / 拷贝	fùzhì/ kǎobèi	コピーする
打印机	dǎyìnjī	プリンター	网址	wǎngzhǐ	URL	粘贴	zhāntiē	ペーストする
复印机	fùyìnjī	コピー機	链接	liànjiē	リンク	上载	shàngzài	アップロードする
扫描仪	sǎomiáoyí	スキャナー	菜单	càidān	メニュー	下载	xiàzài	ダウンロードする

＊“上载”“下载”の“载”は第３声で発音するのが一般的。

18 街、乗り物

中国語	ピンイン	日本語	中国語	ピンイン	日本語	中国語	ピンイン	日本語
机场	jīchǎng	空港	博物馆	bówùguǎn	博物館	高速公路	gāosù gōnglù	高速道路
车站	chēzhàn	駅、バス停	美术馆	měishùguǎn	美術館	大街	dàjiē	大通り、繁華街
问讯处	wènxùnchù	インフォメーション	动物园	dòngwùyuán	動物園	马路	mǎlù	道路、大通り
宾馆 / 饭店	bīnguǎn/ fàndiàn	ホテル	电影院	diànyǐngyuàn	映画館	道路	dàolù	道路
银行	yínháng	銀行	剧场	jùchǎng	劇場	人行道	rénxíngdào	歩道
公安局	gōng'ānjú	警察署	健身房	jiànshēnfáng	スポーツジム	路口	lùkǒu	交差点
消防局	xiāofángjú	消防署	书店	shūdiàn	書店	红绿灯	hónglǜdēng	信号
邮局	yóujú	郵便局	服装店	fúzhuāngdiàn	衣料品店	天桥	tiānqiáo	歩道橋
学校	xuéxiào	学校	电器城	diànqìchéng	家電量販店	道口	dàokǒu	踏切
幼儿园	yòu'éryuán	幼稚園	药妆店	yàozhuāngdiàn	ドラッグストア	停车场	tíngchēchǎng	駐車場
寺庙	sìmiào	寺院	洗衣店	xǐyīdiàn	クリーニング店	飞机	fēijī	飛行機
图书馆	túshūguǎn	図書館	美发厅	měifàtīng	美容院	铁路	tiělù	鉄道
医院	yīyuàn	病院	加油站	jiāyóuzhàn	ガソリンスタンド	火车	huǒchē	汽車
百货商场	bǎihuò shāngchǎng	デパート	报刊亭	bàokāntíng	新聞スタンド	巴士 / 公交车	bāshì/ gōngjiāochē	バス
超市	chāoshì	スーパーマーケット	售票处	shòupiàochù	チケット売り場	地铁	dìtiě	地下鉄
便利店	biànlìdiàn	コンビニエンスストア	广场	guǎngchǎng	広場	出租车 / 的士	chūzūchē/ díshì	タクシー
餐厅	cāntīng	レストラン	公园	gōngyuán	公園	卡车	kǎchē	トラック
咖啡厅	kāfēitīng	カフェ	大楼 / 大厦	dàlóu/ dàshà	ビル	汽车	qìchē	自動車
快餐店	kuàicāndiàn	ファストフード店	办公楼	bàngōnglóu	オフィスビル	摩托车	mótuōchē	バイク
网吧	wǎngbā	ネットカフェ	住宅楼	zhùháilóu	集合住宅	自行车	zìxíngchē	自転車

19　スポーツ、趣味

中国語	ピンイン	日本語	中国語	ピンイン	日本語	中国語	ピンイン	日本語
足球	zúqiú	サッカー	体操	tǐcāo	体操	读书	dúshū	読書をする
棒球	bàngqiú	野球	艺术体操	yìshù tǐcāo	新体操	玩儿游戏	wánr yóuxì	ゲームをする
垒球	lěiqiú	ソフトボール	柔道	róudào	柔道	看电视	kàn diànshì	テレビを見る
篮球	lánqiú	バスケットボール	空手道	kōngshǒudào	空手	听音乐	tīng yīnyuè	音楽を聴く
排球	páiqiú	バレーボール	相扑	xiāngpū	相撲	刷手机	shuā shǒujī	スマートフォンを触る
美式足球	měishì zúqiú	アメリカンフットボール	太极拳	tàijíquán	太極拳	看视频	kàn shìpín	動画を見る
橄榄球	gǎnlǎnqiú	ラグビー	游泳	yóuyǒng	水泳	看电影	kàn diànyǐng	映画を見る
网球	wǎngqiú	テニス	花样游泳	huāyàng yóuyǒng	シンクロナイズドスイミング	看体育比赛	kàn tǐyù bǐsài	スポーツ観戦をする
羽毛球	yǔmáoqiú	バドミントン	冲浪	chōnglàng	サーフィン	做菜	zuò cài	料理をする
乒乓球	pīngpāngqiú	卓球	滑冰	huábīng	スケート	画漫画	huà mànhuà	漫画を描く
摔跤	shuāijiāo	レスリング	冰球	bīngqiú	アイスホッケー	弹吉他	tán jítā	ギターを弾く
拳击	quánjī	ボクシング	滑雪	huáxuě	スキー	唱卡拉 OK	chàng kǎlā OK	カラオケをする
高尔夫球	gāo'ěrfūqiú	ゴルフ	单板滑雪	dānbǎn huáxuě	スノーボード	收集手办	shōují shǒubàn	フィギュアを集める
短跑	duǎnpǎo	短距離走	散步	sàn//bù	散歩をする	网上购物	wǎngshàng gòuwù	ネットショッピング
田径赛	tiánjìngsài	陸上競技	跑步	pǎo//bù	ジョギングをする	下棋	xià//qí	将棋や囲碁などをする
马拉松	mǎlāsōng	マラソン	郊游	jiāoyóu	ハイキングをする	照料宠物	zhàoliào chǒngwù	ペットの世話をする
滑板	huábǎn	スケートボード	爬山	pá//shān	登山をする	做园艺	zuò yuányì	ガーデニングをする
跳舞	tiàowǔ	ダンス	兜风	dōu//fēng	ドライブをする	逛街	guàng//jiē	街をぶらつく
芭蕾舞	bālěiwǔ	バレエ	去旅游	qù lǚyóu	旅行に行く	拍照	pāi//zhào	写真を撮る
瑜伽	yújiā	ヨガ	去野营	qù yěyíng	キャンプに行く	泡温泉	pào wēnquán	温泉につかる

中国語	ピンイン	日本語	中国語	ピンイン	日本語	中国語	ピンイン	日本語
长颈鹿	chángjǐnglù	キリン	松树	sōngshù	マツ	天空	tiānkōng	空
大象	dàxiàng	ゾウ	柳树	liǔshù	ヤナギ	太阳	tàiyáng	太陽
狮子	shīzi	ライオン	竹子	zhúzi	タケ	月亮	yuèliang	月
老虎	lǎohǔ	トラ	梅花	méihuā	ウメ	星星	xīngxing	星
熊	xióng	クマ	菊花	júhuā	キク	云	yún	雲
熊猫	xióngmāo	パンダ	樱花	yīnghuā	サクラ	晴天	qíngtiān	晴れ
牛	niú	ウシ	玫瑰花	méiguihuā	バラ	阴天	yīntiān	曇り
马	mǎ	ウマ	郁金香	yùjīnxiāng	チューリップ	刮风	guā//fēng	風が吹く
绵羊	miányáng	ヒツジ	向日葵	xiàngrìkuí	ヒマワリ	下雨	xià//yǔ	雨が降る
猪	zhū	ブタ	沙子	shāzi	砂	下雪	xià//xuě	雪が降る
兔子	tùzi	ウサギ	土	tǔ	土	春天	chūntiān	春
狗	gǒu	イヌ	石头	shítou	石	夏天	xiàtiān	夏
猫	māo	ネコ	山	shān	山	秋天	qiūtiān	秋
老鼠	lǎoshǔ	ネズミ	森林	sēnlín	森林	冬天	dōngtiān	冬
乌鸦	wūyā	カラス	草原	cǎoyuán	草原	春节	Chūnjié	春節 (旧暦 1/1)
鸽子	gēzi	ハト	平野	píngyě	平野	元宵节	Yuánxiāojié	小正月 (旧暦 1/15)
麻雀	máquè	スズメ	沙漠	shāmò	砂漠	情人节	Qíngrénjié	バレンタインデー
蛇	shé	ヘビ	河	hé	川	端午节	Duānwǔjié	端午の節句 (旧暦 5/5)
乌龟	wūguī	カメ	湖	hú	湖	中秋节	Zhōngqiūjié	中秋節 (旧暦 8/15)
青蛙	qīngwā	カエル	大海	dàhǎi	海	圣诞节	Shèngdànjié	クリスマス

21 企業名、ブランド名

中国語	ピンイン	日本語	中国語	ピンイン	日本語	中国語	ピンイン	日本語
奔驰	Bēnchí	ベンツ	苹果	Píngguǒ	Apple	路易威登	Lùyìwēidēng	ルイ・ヴィトン
劳斯莱斯	Láosīláisī	ロールス・ロイス	微软	Wēiruǎn	マイクロソフト	爱马仕	Àimǎshì	エルメス
宝马	Bǎomǎ	BMW	谷歌	Gǔgē	Google	古驰	Gǔchí	グッチ
保时捷	Bǎoshíjié	ポルシェ	亚马逊	Yàmǎxùn	Amazon	蔻驰	Kòuchí	コーチ
法拉利	Fǎlālì	フェラーリ	微信	Wēixìn	WeChat	香奈儿	Xiāngnài'ér	シャネル
大众	Dàzhòng	フォルクスワーゲン	阿里巴巴	Ālǐbābā	アリババ	芬迪	Fēndí	フェンディ
奥迪	Àodí	アウディ	百度	Bǎidù	バイドゥ	普拉达	Pǔlādá	プラダ
福特	Fútè	フォード	腾讯	Téngxùn	テンセント	圣罗兰	Shèngluólán	サンローラン
特斯拉	Tèsīlā	テスラ	抖音	Dǒuyīn	TikTok	迪奥	Dí'ào	ディオール
丰田	Fēngtián	トヨタ	华为	Huáwéi	ファーウェイ	劳力士	Láolìshì	ロレックス
本田	Běntián	ホンダ	小米	Xiǎomǐ	シャオミ	卡地亚	Kǎdìyà	カルティエ
日产	Rìchǎn	日産	佳能	Jiānéng	キヤノン	菲拉格慕	Fēilāgémù	フェラガモ
现代	Xiàndài	ヒュンダイ	尼康	Níkāng	ニコン	欧莱雅	Ōuláiyǎ	ロレアル
雅马哈	Yǎmǎhā	ヤマハ	任天堂	Rèntiāntáng	任天堂	资生堂	Zīshēngtáng	資生堂
松下	Sōngxià	パナソニック	世嘉	Shìjiā	セガ	花王	Huāwáng	花王
索尼	Suǒní	ソニー	711	Qīshíyī	セブンイレブン	高丝	Gāosī	コーセー
夏普	Xiàpǔ	シャープ	罗森	Luósēn	ローソン	华歌尔	Huágē'ěr	ワコール
联想	Liánxiǎng	レノボ	全家	Quánjiā	ファミリーマート	欧姆龙	Ōumǔlóng	オムロン
三星	Sānxīng	サムスン	麦当劳	Màidāngláo	マクドナルド	百利达	Bǎilìdá	タニタ
海尔	Hǎi'ěr	ハイアール	肯德基	Kěndéjī	ケンタッキー	娇联	Jiāolián	ユニ・チャーム

練習問題解答

練習問題 **01**　【p.58 ～ p.61】

1 　(1) er

　　(2) -ü (yu)

　　(3) -u (wu)

　　(4) e

　　(5) o

　　(6) -uo (wo)

　　(7) -ia (ya)

　　(8) -üe (yue)

　　(9) -iou (you)

　　(10) -uei (wei)

2 　(1) ang

　　(2) -ing (ying)

　　(3) -ueng (weng)

　　(4) eng

　　(5) -uang (wang)

　　(6) -ian (yan)

　　(7) -ün (yun)

　　(8) -uen (wen)

　　(9) -üan (yuan)

　　(10) -iang (yang)

3 　(1) bo

　　(2) chi

　　(3) qi

　　(4) shi

　　(5) xu

　　(6) zhu

　　(7) ju

　　(8) ge

　　(9) ji

　　(10) ci

4 　(1) mǎ

　　(2) qí

　　(3) zì

　　(4) zhì

　　(5) bāo

　　(6) duō

　　(7) yóu

　　(8) yǐng

　　(9) xián

　　(10) xiàng

練習問題 **02**　【p.88 ～ p.89】

1 　(1) 2200

　　(2) 180

2 　(1) 两年

　　(2) 第二年

　　(3) 两点二十二分

　　(4) 十二点二分 / 十二点两分

3　(1)　件
　　(2)　条
　　(3)　个
　　(4)　本
　　(5)　张
　　(6)　只

4　(1)　一昨日
　　(2)　今月の 13 日
　　(3)　明日の午前 10 時
　　(4)　先週の土曜日

5　(1)　这个国家
　　(2)　这本书
　　(3)　那件事情
　　(4)　那里 / 那儿的人

6　(1)　你们公司
　　(2)　我们国家
　　(3)　她家
　　(4)　我的行李

7　(1)　今日は何月何日ですか？
　　(2)　明日は何曜日ですか？
　　(3)　何歳ですか？
　　(4)　何人ですか？
　　(5)　家の中
　　(6)　会社の向かい側

練習問題 03 【p.116 ～ p.118】

1　(1)　我没有弟弟。
　　(2)　我们公司在美国。
　　(3)　学校对面有公园。
　　(4)　今天草莓非常便宜。
　　(5)　今天不冷，很舒服。

2　(1)　私は仕事が忙しい。
　　(2)　私は水曜日に試験がある。
　　(3)　この近くにお手洗いはない。
　　(4)　冷蔵庫の中に紅茶とウーロン茶がある。
　　(5)　今度の日曜日、私は中国に行く。

3 （1）今天很冷。

　（2）我的电脑在这里 / 这儿。

　（3）我姐姐在英国。

　（4）我有一百块。

　（5）明天几月几号?

練習問題 04 【p.144 ~ p.146】

1 （1）我给你一个。

　（2）他去上海参加会议。

　（3）她去书店买词典。

　（4）我在餐厅吃饭。

　（5）她会说汉语和英语。

2 （1）可以 / 能

　（2）用

　（3）要

　（4）会

　（5）应该

3 （1）ちょっとお尋ねしたいのですが。

　（2）うちにお茶でも飲みにいらしてくださいよ。

　（3）2番目の通りを左に曲がってください。

　（4）コンビニは私たちの会社から近いです。

　（5）東京から北京まで飛行機で4時間かかります。

練習問題 05 【p.168 ~ p.170】

1 （1）我喝过一次酒。

　（2）我去过那儿好几次。

　（3）今天早上来了一个客人。

　（4）外面下着雨。

　（5）演出马上就要开始了。

2 （1）私は中国語を勉強して３年になります。
　　（2）私はご飯を食べたら、買い物に行きます。
　　（3）私は北京で京劇を見たことがあります。
　　（4）私たちはもうすぐ退勤します。
　　（5）冷蔵庫のケーキが１切れ減った。

3 （1）我在开车。
　　（2）她在里面等着。
　　（3）她已经回家了。
　　（4）快八点了。我得走了。
　　（5）那儿挂着一件衣服。

練習問題 06 【p.192 ～ p.194】

1 （1）我已经跟他说好了。
　　（2）他篮球打得非常好。
　　（3）我累得不想出去。
　　（4）今天冷得要命。
　　（5）我终于想起来了。

2 （1）私は言い間違えた。
　　（2）私はもう我慢できません。
　　（3）高すぎて買えません。
　　（4）私は彼が日本人だとは見て分かりませんでした。
　　（5）あなたの声がはっきり聞こえません。

3 （1）请写清楚。
　　（2）他带回来了。
　　（3）他跑进医院去了。
　　（4）五分钟吃得完。
　　（5）我记不住这么多。

1　（1）北京比上海冷得多。
　　（2）我比他小两岁。
　　（3）汉语跟英语一样难。
　　（4）我怎么努力也比不上她。
　　（5）我觉得坐出租车去最方便。

2　（1）彼は今忙しいから、あなたは少し遅めに行った方がいいですよ。
　　（2）私は彼女ほどダンスが上手ではない。
　　（3）今年の自動車の生産量は去年の３倍に増えた。
　　（4）この商品と比べると、あの商品のほうが売れ行きが良い。
　　（5）考えすぎるよりも、早めに寝たほうが良い。

3　（1）这里比那里安全。
　　（2）红茶没有乌龙茶那么贵。
　　（3）我比谁都爱中国。
　　（4）在我们学校里，王老师最严格。
　　（5）最重要的是了解文化。

1　（1）我是在日本学的汉语。
　　（2）请把门关上。
　　（3）我是被朋友介绍过来的。
　　（4）爷爷让我把水果带走。
　　（5）你怎么能说出这样的话?

2　（1）私は必ずこの作品を書き上げます。
　　（2）（父方の）おばあさんは私に彼女を家まで送らせた。
　　（3）ポケットの中の物を取り出してください。
　　（4）今日はどうしてこんなに人が多いんだ?
　　（5）あなたはどうして今ごろ来たの?

3 （1）我是开车来的。

　（2）请把雨伞带回去。

　（3）我被送到医院了。

　（4）总经理让我去出差了。

　（5）难道你不来吗？

練習問題 09 【p.256 ～ p.257】

1 （1）你要吃多少，就可以吃多少。

　（2）老师一进来，学生就坐下了。

　（3）她不但会唱歌，还会跳舞。

　（4）如果你去中国的话，你想做什么？

　（5）即使下雨，也要去。

2 （1）コーチが何と言おうと、私は試合に出たい。

　（2）残業するよりも、明日の午前中にまたやったほうが良い。

　（3）私はお酒を飲んだから、車が運転できない。

　（4）渋滞していたが、私は遅刻しなかった。

　（5）すでに解決した以上、私が行く必要はない。

著者紹介

青木 隆浩（あおき・たかひろ）

東京外国語大学大学院修了。桜美林大学孔子学院講師。高校より中国語を学び、在学中に日中友好協会主催のスピーチコンテスト全国大会で優勝。また、中国政府主催の漢語橋世界大学生中国語コンテスト世界大会で最優秀スピーチ賞受賞。北京語言大学に3年間留学。著書に『基礎から学ぶ 中国語発音レッスン』（ベレ出版）、共著に『マンガで身につく！中国語』（ナツメ社）などがある。

林屋 啓子（はやしや・けいこ）

北京語言大学で2年半の留学生活を送り、卒業後は中国語学習雑誌『中国語ジャーナル』（アルク）の編集を8年にわたって担当。また、中国語学習書や教材の企画、制作、編集、校正などを数多く手掛ける。著書に『「社会人」に一休み、中国留学してみれば』（文葉社）、共編著に『選抜！中国語単語 常用フレーズ編』（相原茂／朝日出版社）がある。

◉ ── 音声・ナレーション　　張 曄 / 青木 隆浩

◉ ── カバーデザイン　　竹内 雄二
◉ ── カバーイラスト　　小幡 知世
◉ ── DTP　　清水 康広
◉ ── 本文イラスト・図　　いげた めぐみ
◉ ── ネイティブチェック　　張 曄

［音声DL付］ひとりで学べる中国語 基礎文法をひととおり

2023 年 3 月 25 日　　初版発行
2023 年 11 月 26 日　　第 2 刷発行

著者	**青木 隆浩／林屋 啓子**
発行者	**内田 真介**
発行・発売	**ベレ出版** 〒162-0832　東京都新宿区岩戸町12 レベッカビル TEL.03-5225-4790 FAX.03-5225-4795 ホームページ　https://www.beret.co.jp/
印刷	モリモト印刷株式会社
製本	根本製本株式会社

ISBN 978-4-86064-720-9 C2087　　　　　　　　　　　　　　編集担当　綿引ゆか